沈阳师范大学法学学术文库

SHENYANGSHIFANDAXUE FAXUE XUESHU WENKU

票据行为无因性研究
——以票据行为二阶段说为理论基点

贾海洋◆著

中国社会科学出版社

图书在版编目(CIP)数据

票据行为无因性研究：以票据行为二阶段说为理论基点/贾海洋著 . —北京：中国社会科学出版社，2013.11
  ISBN 978 - 7 - 5161 - 3531 - 0

  Ⅰ.①票… Ⅱ.①贾… Ⅲ.①票据法—研究—中国 Ⅳ.①D922.287.4

中国版本图书馆 CIP 数据核字(2013)第 258170 号

出 版 人 赵剑英
责任编辑 蔺 虹
责任校对 林福国
责任印制 戴 宽

出　　版 中国社会科学出版社
社　　址 北京鼓楼西大街甲 158 号（邮编 100720）
网　　址 http://www.csspw.cn
　　　　　中文域名:中国社科网　　　010 - 64070619
发 行 部 010 - 84083685
门 市 部 010 - 84029450
经　　销 新华书店及其他书店

印刷装订 三河市君旺印装厂
版　　次 2013 年 11 月第 1 版
印　　次 2013 年 11 月第 1 次印刷

开　　本 880×1230 1/32
印　　张 7.375
插　　页 2
字　　数 205 千字
定　　价 38.00 元

总　序

　　以前，我对沈阳师范大学知之甚少，实属孤陋寡闻。自从沈阳师范大学法学院的单晓华教授加盟法学所博士后流动站后，我作为她的合作导师，才开始逐步了解、关注这所具有悠久历史的学府。在沈师大校庆 60 周年到来之际，沈阳师范大学法学院隆重推出"沈阳师范大学法学学术文库"，法学院领导希望我能为之作序，虽明知难当此任，但却之不恭，不如从命。

　　早在新中国成立之初，根据中共中央七届三中全会的部署，国家对当时的教育和科学文化事业进行了调整和改造，即调整一批老式高等院校，建立一批新式社会主义高等院校，东北教育学院——沈阳师范大学的前身就在这样的历史背景下成立了。

　　沈阳师范大学法学院也经过近二十年的发展与变革，取得了丰硕的成果和骄人的业绩。1996 年 4 月，经国务院学位委员会批准，法律系取得了民商法学硕士学位授予权，成为当时全国高等师范院校中第三个法学硕士学位点。2007 年 4 月民商法专业被辽宁省委宣传部批准为省哲学社会科学重点建设学科，2008 年 3 月民商法专业被辽宁省教育厅批准为省重点培育学科，2009 年 3 月民商法专业被辽宁省教育厅批准为省优势特色重点学科，尔后又分别取得法学理论、诉讼法学硕士学位授予权。2007 年 5 月又获得法律硕士专业学位授予权。经过沈阳师范大学法律人的不懈努力，学科建设取得一定成绩并初具规模，积累了大批优秀的科研成果，形成了自己的特色和优势。

在沈阳师范大学法学院的教师队伍中，活跃着一批学历高且富有朝气的年轻学者，他们颇具法学素养，潜心学术研究；他们热爱三尺讲台，勤勉教书育人；他们关注国计民生，重视法治实践；他们开阔国际视野，借鉴他山之石。沈阳师范大学法学院的广大教师在平时的教学耕耘与学术研究中收获了累累硕果。在此基础上，他们决定编辑出版"沈阳师范大学法学学术文库"系列丛书，这既是对沈阳师范大学 60 华诞的一份厚礼，也是对这所辽宁法律教育与学术研究的重镇所取得成就的一次检阅。我希望这套法学文库能够成为后来者在法学研究和法律教育的道路上继续攀登的阶梯，更希望通过这些文章，能够向热爱法学、崇尚中国法律研究的读者展示沈阳师范大学的治学精神与科研传统。

《中庸》论道："博学之、审问之、慎思之、明辨之、笃行之"，阐释了学术研究探索真理的精神以及达到知行合一境界的必由之路。从对世界历史进程的审视与洞察来看，社会发展、科学昌明、思想进步、制度革新，从来都离不开法学研究的力量与成就的滋养与推动。

一所优秀的综合性大学是国家与社会发展中一种不可或缺的重要力量，而法学研究的水平则体现了中国社会主义法治的发展程度和综合实力，是社会进步、法制文明的重要标志。因此，一所大学的学术氛围，不仅在很大程度上影响和引导着学校的教学与科研，而且渗透和浸润着这所大学追求真理的精神信念。正如英国教育思想家纽曼所言，大学是一切知识和科学、事实和原理、探索与发现、实验与思索的高级力量，它的态度自由中立，传授普遍知识，描绘理智疆域，但绝不屈服于任何一方。

大学的使命应是人才培养、科学研究和服务社会；高等教育发展的核心是学术和人才。因此，大学应成为理论创新、知识创新和科技创新的重要基地，在国家创新体系中具有十分重要的地位和意义。沈阳师范大学法学院是一所正在迅速兴起的学院，其注重内涵建设和综合协调发展，法学院贯彻"强管理、重服务、育队伍、出精品"的工作理念，通过强化科研管理、建立、健全科研制度、凝练科研队伍、打造科研精品、营造科研氛围，使教师们的科研积极性空前高涨，取得了丰厚的科研成果。近五年来，法学院教师出版专著53部，发表论文180多篇，科研立项60余项，科研获奖60余项。法学院秉承"博学厚德　求是笃行"的院训，以培养适应社会主义市场经济和法治建设需要的应用型、复合型法律人才为目标，以本科教学为中心，以学科建设与队伍建设为重点，大力发展研究生教育，努力建成专业特色显著，国内知名、省内一流的法学教育研究与法律实务相结合的法学院。

这套文库的出版，将有助于提升法学科学的学术品质和专业素质。法学教育是高等教育的重要组成部分，是建设社会主义法治国家、构建社会主义和谐社会的重要基础，并居于先导性的战略地位。在我国社会转型时期，法学教育不仅要为建设高素质的法律职业共同体服务，且要面向全社会培养大批治理国家、管理社会、发展经济的高层次法律人才。沈阳师范大学法学教育适应侧重培养懂法律、懂经济、懂管理、懂外语的高层次复合型、应用型人才的目标定位，在培养具有复合知识结构的本科生、研究生方面形成了鲜明的法律实务特色。法科学生在重点学好法学核心课程和教学计划的其他课程外，适当广泛涉猎、阅读学术专著，对巩固、深化课堂知识是十分必要的。在教材之外，出版一批理论精深、博采众长、体察实践、观点新颖的专著，可以有效满足学生解惑之需。本文库诸部著作，围绕诸多法学领域及法治实践中的重大疑难问题，对我国相关法律制度加以细致的探讨与阐述。这将有助于拓展法科学生的视野，为他们思考、研究问题以及应用法律提供新的方法和视角，进而登堂入室、一窥门径。

这套文库，在选题和策划上，偏重法学领域中实践意义重大且学界较少探讨的具体问题；在内容上，较为侧重对具体问题的深入分析和制度的合理构建。这固然与沈阳师范大学法学院以理论法学为基础，以诉讼法学为特色，以民商法为支撑，集中发展新兴二级学科的学科发展战略有关，也是对法学研究方向思考的智慧结晶。从宏观角度而言，目前我国的法学学科框架已经基本成熟，法学界对法学各学科的体系、基本原则和基本理论已难觅较大争议。因此，沈阳师范大学法律人能应法律实践的需求和法治完善的需要，对前人较少涉及的一些具体法律制度及其微观层面展开深入细致的研究，揭示其所依存的理论基础，提供富有可操作性的制度设计，以此推动法学研究与法学教育的进步，并推动我国法制臻于完善，这无疑是一种值得嘉许的学术视角和探索尝试。

　　是为序。

陈泽宪

2010 年秋谨识于北京景山东隅

序

    在票据法理论研究中，票据行为无因性理论的研究，可以说占据着相当重要的地位，在一定程度上甚至可以说，票据行为无因性理论，乃是票据法的核心理论之一。在国际上，对于票据行为无因性理论的研究已经相当深入，但在我国，在过去相当长的一段时间里，不仅没有进行相关理论的研究，甚至对这一理论的介绍和了解也相当肤浅。直到我国《票据法》制定实施之后，人们才开始对票据行为无因性这一票据法的核心理论问题进行认真的研究。《票据行为无因性研究》这本专著，是我的学生贾海洋在他的博士论文基础上，经过潜心修改加工而成。在这一研究成果中，不仅勾勒出了票据行为无因性理论研究的发展脉络，对近年来国内有关研究成果进行了详细的梳理，而且以一个新的视角——票据行为二阶段说的视角，对票据行为无因性给予了新的阐释。

    票据法学自十四世纪在欧洲发端以来，票据法理论的研究就开始了缓慢但稳步的发展历程，到十九世纪末期，即已达到了相当成熟的阶段，各国学者们先后创立了各种不同的学说，用以阐释和描述票据法的理论体系与逻辑结构。特别是在十九世纪后半叶的德国，票据法理论的研究与论争，几乎成为德意志概念法学最热烈的论题之一。其中颇有影响的代表性学说，包括源自泰尔·海因里希（Thöl Heinrich）的契约说、休特贝·埃尔斯特·奥拓（Stobbe Ernst Otto）首创的发行说、昆采·约翰内斯·埃米尔（Küntzel Johannes Emil）倡导的创造说，等等。这些学说分别从不同的视角来解释票据法上的特有关系，对实践中的票据法问题给与理论的解说，极大地加深了人们对票据法理论的理解，同时也推动了票据法的进一步完善与广泛适用。但是，随着社会经济的发展与法学研究的深入，人们发现，已有的各种学说尽管都可以从各个不同的角度，对现有的票据法问题作出能够自圆其说的解释，但对一些较为复杂的、特别是新近发生的票据法问题，仍不能给出令人满意的结论。于是，在进入二十世纪后，日本学者田中耕太郎在对已有诸学说分析批判的基础上，针对诸种学说众说纷纭的问题——票据行为的构成问题，提出了将其分为票据作成行为与票据转让行为两个阶段的主张，这就是著名的票据行为二阶段说的发端。其后，日本学者铃木竹雄进一步发展了票据行为二阶段说，提出在第一阶段系由出票人作成票据、成立票据权利，而在第二阶段则由出票人交付票据、转移票据权利，因而，票据行为乃是由票据债务负担行为与票据权利转移行为这两个行为构成的，这称为票据行为二元构成论。这一理论提出之后，确实解决了一些在理论与实践上长期未能透彻说明的问题，例如有价证券的本质问题、善意取得的实质问题，等等。

　　在我国，由于对票据法的理论研究起步较晚，对于票据法理论的诸种学说特别是票据行为二阶段说，不仅研究甚少，甚至可以说知之亦属不多。《票据行为无因性研究》在梳理与评介诸种票据法理论学说的同时，对票据行为二阶段说进行了大胆的重构；在此基础上，以票据行为二阶段说为理论依据，对票据法理论研究中的另一个核心问题——票据行为无因性问题进行了详尽的阐释与入微的剖析。我认为，这应该是票据法理论研究中的一个新起点；我也相信，这对于推动今后的票据法的理论研究和票据法的实践探索，将发生虽属微小但却不可忽视的影响。

赵新华

2013 年 7 月于北京世纪城

摘　　要

　　票据行为无因性作为票据法的基本原则，对促进票据流通，保护交易安全起着至关重要的作用。学术界对票据行为无因性的探讨并不深入，何谓票据行为无因性，票据行为无因性与相关概念的区别以及票据行为无因性的理论基础、法律价值及效力范围等问题尚需进一步厘清。我国票据立法对票据行为无因性的态度极为模糊，没有明确确立票据行为无因性原则，不仅使票据难以发挥作用，而且也给司法实践造成了不少混乱。依据不同的票据理论，票据行为无因性的内涵、效力范围等有所不同。票据行为二阶段说以其理论构成解释相关票据的各种问题更具有合理性，具有突出的优点，建立在二阶段创造说基础上的票据行为无因性的内涵更合理，对新的票据问题更具有解释力。有鉴于此，本书以票据行为无因性为题，从票据理论入手，以二阶段创造说为理论基点，阐释无因性的内涵，对票据无因性的效力进行梳理，并对"二重无权抗辩"及"后手抗辩"等新型票据问题作出前瞻式的研究。

全书共分四章。

第一章论述了票据行为无因性与票据行为二阶段说的关联。依据不同的票据理论，票据行为无因性的内涵、效力范围有所不同，所以票据行为无因性的研究要从票据学说中寻求其理论基点。本章首先对票据理论的各种学说进行分析，认为各种票据理论各有其优势和不足，但票据行为二阶段说以其理论构成解释相关票据的各种问题更具有合理性，既维护票据流通的安全，又解决众多相关票据问题，有利于理论的整合性，具有突出的优点。其次，分析了传统二阶段说的不足，通过实例论证在票据承兑和担保中也存在权利转移行为，主张彻底贯彻二阶段说。本章最后重点论述了票据无因性与票据理论的相互影响。以二阶段创造说为理论基点，票据无因性指的是债务负担行为的无因性，权利移转行为本身是有因行为。

第二章论述了票据行为二阶段说之下的无因性内涵。票据关系与原因关系的关联是票据法律理论中一个重要的基本论点，存在着无因构成和有因构成两种相互对立的观点。建立在票据行为一元论基础上的票据行为无因性有多种用法，造成适用上的混乱。而采用票据行为二元构成学说，将票据行为区分为债务负担行为和权利移转行为，前者为无因行为，后者为有因行为，这对于理解票据的各种制度都有重要意义：票据行为独立原则是与债务负担行为存在瑕疵相关的问题；善意取得制度是与权利移转行为存在瑕疵相关的问题；抗辩限制涉及票据行为无瑕疵而票据外法律关系有欠缺的情况。票据债务负担行为的无因性，主要表现为票据债务负担行为不受票据以外法律行为的影响。票据债务负担行为具备无因性需符合形式要件和实质要件，票据签章人应具

有票据权利能力和票据行为能力，且意思表示无瑕疵。本章重点
以后手抗辩和二重无权抗辩为例，论证了票据权利转移行为有因
论相较传统票据无因性理论下的权利滥用理论更具有说服力。

第三章界定了票据行为二阶段说之下的无因性效力范围。票
据行为无因性的效力在授受票据的直接当事人之间主要表现为举
证责任倒置；在非直接当事人之间主要表现为人的抗辩限制制
度。人的抗辩具有属人性和个别性，其理论基础为票据行为无因
性。基于不同的无因性学说，人的抗辩范围有所不同。根据传统
票据行为无因性，原因关系瑕疵的抗辩是人的抗辩，适用抗辩限
制，这在后手抗辩和二重无权抗辩这些新型案例的适用上遇到困
境。根据票据行为二阶段说之下的无因性，原因关系瑕疵的抗辩
属无权利抗辩，不适用抗辩限制制度。票据行为二阶段下的无因
性从传统人的抗辩中分离出无权利抗辩，缩小了传统人的抗辩的
适用范围，能为二重无权抗辩、后手抗辩等新型票据案例提供有
效的理论解释，并能明晰人的抗辩限制与票据行为独立原则、善
意取得等相近制度的相互关系。这三个制度都是为了保护票据取
得人而设计的，但各自又有不同的适用情况。从票据抗辩角度来
看，票据行为独立原则与物的抗辩相关联；善意取得与无权利抗
辩相关联；人的抗辩切断与狭义的人的抗辩相关联。

第四章考察了票据行为二阶段说之下的无因性的例外。票据
行为无因性促进了票据流通，但若无条件适用就会有违票据流通
的宗旨。票据行为无因性的效力主要表现于人的抗辩限制，但当
票据取得人恶意或无对价取得票据时，票据抗辩不受限制。除了
恶意抗辩、无对价抗辩外，票据行为无因性原则的例外还体现在
票据的直接当事人之间存在抗辩的情形，以及无权利抗辩和特殊

背书情形下的抗辩等方面。本章各节通过案例分析的方法论证了各种票据行为无因性效力所不及的情形。第一节论述了无权利抗辩。依传统票据行为有因论，对于直接当事人之间的抗辩、后手的抗辩和二重无权抗辩，学者通常在坚持人的抗辩的个别性的前提下，依不当得利抗辩或恶意抗辩、滥用权利抗辩对抗持票人的请求，而依二阶段创造说为基础的权利转移行为有因论，把原因关系的瑕疵全都看成是无权利抗辩，这种解释更加妥当，能够做到理论上的统一。第二节论述了无对价抗辩。无对价的效力主要是人的抗辩限制的例外，除此之外，我国还应参酌英、美、法系票据法的相关规定，将给付对价作为善意取得的构成要件。第三节论述了恶意抗辩和善意者介入时的抗辩。在持票人主观上恶意的情况下，票据权利移转行为存在瑕疵，因此，不符合抗辩限制的适用要件，也不受善意取得的保护。对恶意的内涵，我国票据法采取的是最广义的理解，应顺应票据法国际统一趋势，以是否"明知有害债务人"作为判断恶意的标准。本章最后论述了期后背书、回头背书和委任取款背书等特殊背书情况下的抗辩问题。

关键词：票据行为，票据理论，票据行为无因性，票据行为二阶段说，票据抗辩，人的抗辩，无权利抗辩。

Abstract

Research on Non – causation Principle in Action of Negotiable Instrument: Based on the Theory of two Phases of Negotiable Instrument Behavior.

As a fundamental principle inNegotiable Instrument Law, non – causation principle in action of negotiable instrument plays a vital role in promoting circulation and protection of transaction security. Among academic circles, it still lacks in – depth study in this field. A series of problems are needed to be clarified, such as the definition of non – causation principle in action of negotiable instrument, the distinction between non – causation principle in action of negotiable instrument and its related concepts as well as its theoretical fundation, legal value and scope of validity, etc. The Negotiable Instrument Law of our country holds an extremely ambiguous attitude towards the non – causation principle which makes difficulties in exerting the function of negotiable instrument and juridical practice. According to different negotiable instrument theories, their connotation, scope of validity varies greatly. By introducing the theory of two phases of negotiable instrument behavior, the explanation of problems related to negotiable instrument will be more reasonable, advantageous as well as persuasive. Therefore, non – causality principle is applied to the thesis, basing on theories of negotiable instrument, elucidating the connotation of non – causation principle and the scope of vality. And meanwhile, the thesis conducted a prospective study on the brand – new forms of negotiable instrument problems like "dual non – right counterplea" and "subsequent party counterplea", etc.

The thesis consists of four chapters.

Chapter One discussed the relation betweennon – causation principle and theory of two phases of negotiable instrument behavior. According to different negotiable instrument theories, the connotation, scope of validity, etc. defers considerably. Thus, the study of non – causation of negotiable instrument behaviour should seek its theoretical foundation from negotiable instrument theories. Firstly, the chapter analyzed their advantages and disadvantages respectively. However, comparatively speaking, the theory of two phases of negotiable instrument behavior elucidated problems related with negotiable instrument is more rational, protecting the security of negotiable instrument circulation. Secondly, this chapter exposed the weakness of traditional two phases theory. It proved that right transfer behavior also existed in the acceptance and guaranty of negotiable instrument and the the theory of two phases of negotiable instrument behavior should be brought into force.

The last part of the chapter focused on the interactive effects of non - causation principle of negotiable instrument and related theories. Based on the theory of two phases of negotiable instrument behavior, negotiable instrument behavior is composed by debt burden behavior and right transfer behavior. The former is non - cause behavior and the latter is causal behavior.

Chapter Two discussed the connotation of non - causation principle based on the theory of two phases of negotiable instrument behavior. The relation between bill relationship and bill cause is a basic points of great significance in theories of negotiable instrument law, consisting of non - causality constitution vs. causality constitution. The non - causation principle of negotiable instrument based on monism of action of negotiable instrument has various of usages which aroused great confusion in application. On the contrary, through introducing the theories of dualism of action of negotiable instrument, the thesis seperated assumed liability and right transfer behavior , regarding former as non - causality action vs. the latter as causality action , which plays a key role in understanding negotiable instrument systems. The independence principle of action on negotiable instrument is a problem related with flaws of assumed liability; the Bona Fide Acquisition closely linked with defects of right transfer behavior; counterpleare restriction related with defects of   legal relationship besides the negotiable instrument rather than flawless negotiable instrument behavior; the non - causation principle of debt burden behavior indicates that it will not be affected by the legal behaviors besides the negotiable instrument. The debt burden behavior should compose of the form items and substantive items, while the signer with the right on negotiable instrument as well as capacity of negotiable instrument behavior should also have his expression of intention without flaw. This chapter focused on examples of "subsequent party counterplea" and "dual non – right counterplea", which proved that the cause theory of right transfer behavior of negotiable instrument is more persuasive than the traditional power abuse theory under the category of non – causation negotiable instrument theory.

Chapter Three defined the validity scope of non – causation principle based on the theory of two phases of negotiable instrument behavior. The validity of non – causation principle of negotiable instrument behavior between two parties mainly presented in the form of inversion of onus probandi; while for indirect involved parties, personal counterplea restriction system is executed. Personal counterplea characterized by human nature and individuality, basing on non – causation principle of negotiable instrument behavior. Due to different theories of the field, the scopes of personal counterplea vary considerably. According to non – causation principle of negotiable instrument behavior, causation flaw counterplea refers to non – right counterplea, applying for counterplea restriction, which will come up with difficulties in new cases like "subsequent party counterplea" and "dual non – right counterplea" and so on. Based on the the theory of two phases of negotiable instrument behavior, causal relationship flaw counterplea which belongs to non – right counterplea is inapplicable to counterplea restriction system. The non – causation principle of negotiable instrument behavior under two phases seperated non – right counterplea from traditional personal counterplea, narrowing down its appliable scope, which provides valid theoretical elucidation for new cases like "dual non – right counterplea" and "subsequent party counterplea", etc. And it clarified the relationship among similar systems like restriction of personal counterplea, independent principle of negotiable instrument behavior as well as the acquire in good faith. All of the above three systems are designed to protect the obtainer, whereas their appliable situations are quite different. From the perspective of negotiable instrument counterplea, the independent principle of negotiable instrument behavior is related to res counterplea; the acquire in good faith is relevant to non – right counterplea; personal counterplea closely linked with personal counterplea in narrow sense.

Chapter Four investigated theexceptions of non – causation principle from the perspective of theory of two phases of negotiable instrument behavior. The non – causation principle of negotiable instrument behavior indeed promoted the circulation of negotiable instrument. However, if it is applied unconditionally, it would violate the its original aims. The validity of non – causation principle of negotiable instrument behavior mainly presented as personal counterplea restriction, while obtainer acquire the negotiable instrument out of bad faith or without value, there is no restriction on counterplea. In addition, exceptions of non – causation principle also reflected in following aspects as the counterplea situation of involved parties, non – right counterplea and special endorsement, etc. This chapter verified exceptional situations of various negotiable instruments through case analysis. In section 1, the author discussed non – right counterplea. In accordance with traditional cause theory of negotiable instrument behavior, scholars used to protesting against the plea of holder for illegal profit counterplea, bad faith counterplea power abuse counterplea on the premise of counterplea individuality. Nevertheless, the cause theory of right transfer behavior based on the creation theory regards cause relationship flaws as non – right counterplea, which sounds more appropriate and consistent with the theory. Section 2 discussed non – consideration counterplea. Validity of non – consideration indicate the exception of personal counterplea. Additionally, our country should use some relevant articles in Negotiable Instrument Law of Anglo – American law system for reference, regarding consideration as constitute items of the acquire in good faith. Section 3 elucidated bad faith counterplea and counterplea against the party with good faith intervention. under the circumstance of the holder with subjective bad faith, negotiable instruments right transfer behavior has its flaw. Thus, it does not coincide with appliable condition of counterplea restriction, nor is protected by the Bona Fide Acquisition system. As for the connotation of bad faith, the broadest sense of comprehension was adopted in Negotiable Instrument Law of our country. By following the international trend of Negotiable Instrument Law, one should regard "whether it did harm to the debtor with intention" as a standard to judge the bad faith. The last section discussed counterplea problems relating to endorsement of overdue bill, return endorsement and endorsement be mandate, etc.

Keywords:

action of negotiable instrument, theories of negotiable instrument non – causation principle of negotiable instrument, theory of two phases of negotiable instrument behavior, negotiable instrument counterplea, personal counterplea, non – right counterplea.

目　录

引　言

　　法律行为的无因性是德国私法的一项基本法律原则，它包含两层意思：一是这些法律行为本身并无权源或原因；二是这些法律行为的合法成立完全不依赖于其权源或原因。虽然近现代各国或地区的民商事立法、学说及判例对物权行为无因性、债权契约的无因性争议颇大，但却公认票据行为是无因行为，并以此为基础构造票据法体系。票据行为无因性作为票据法的基本原则，对促进票据流通、保护交易安全起着至关重要的作用。诚如有的学者所言："法律之所以规定票据无因性原则，从经济上分析就在于可以使得票据使用效益更大。票据关系与原因关系之间的关系如何确定，关系到票据的流通和交易安全。促进票据流通和保护交易安全可以认为是票据法的最高立法原则，确立票据无因性原则的基础地位，使得票据在流通中不受票据基础关系的影响，独立发挥作用，保障票据的流通性与安全性。票据无因性的机能，在于票据交易的简易、迅捷和完全化，保证票据真正能够流通，同时减少票据持票人的风险，保障交易安全。票据立法所追求的制度价值在于促进票据流通和利用，保障持票人依法实现其票据权利，如果票据不能实现此价值，也就失去了在商品经济中存在的意义。"① 该原则也因此被誉为"现代票据法的灵魂"和"立法原则"。然而"学说判例多穷经皓首于物权行为无因性之阐发，而略于其他无因性之法律行为"②。学术界对票据行为无因性的探讨并不深入，尚限于制度解说或海外理论的简单介绍。何谓票据行为无因性，票据行为无因性与相关概念的区别以及票据行为无因性的理论基础、法律价值及效力范围等问题尚需进一步厘清。

国内对票据行为无因性的研究还停留在出票人抗辩切断和前手抗辩切断等最基础阶段上。例如，对于出票人 A 签发票据交给收款人 B，然后 B 通过背书转让给 C，C 持有票据的情况，我国票据法的研究视点还仅停留在 A、B 之间的原因关系解除后，A 能否以对 B 的抗辩事由对抗持票人 C 这一初级的研究阶段。而对于近年来在国外票据法实践中已出现的一些新型票据案例尚缺乏前瞻性的研究。例如，当 A、B、C 三者之间，出现了 B、C 之间原因关系的消灭、解除之后，A 能否以 B 对 C 的抗辩事由对抗 C（即所谓后手的抗辩）的问题还尚未涉及，更不用说在 A、B 之间以及 B、C 之间的原因关系同时解除（二重无权）时，对 A 的抗辩权应否支持，以及对 C 的地位如何认定这样复杂问题的解决了。我们应该看到，随着我国票据使用的不断普及以及公民对票据经济功能认识程度的不断提升，当今的票据活动已越

---

① 王爱华：《票据无因性研究》，硕士学位论文，山东大学，2005 年。
② 陈自强：《无因债权契约论》，中国政法大学出版社 2002 年版，第 137 页。

来越呈现出多样化的趋势。可以预见，在日趋纷繁复杂的票据纠
纷中，不排除我国也有可能出现类似已在日本出现的"后手抗
辩"和"二重无权抗辩"案例。同时，我国票据立法对票据行
为无因性的态度极为模糊，尽管出台了一系列的法律、法规、规
章和司法解释，但由于没有明确确立票据行为无因性原则，不仅
使票据难以发挥其作用，而且也给司法实践造成了不少混乱。

　　依据不同的票据理论，票据行为无因性的内涵、效力范围有
所不同。票据理论中的二阶段创造说把票据行为界分为债务负担
行为和权利移转行为两个阶段，分别研究不同阶段的票据行为的
性质。票据债务负担行为具有与一般法律行为不同的特性，属无
因行为；与此相反，票据权利移转行为直接适用一般的意思表示
或契约的相关规定，属有因行为。票据债务负担行为无因性更好
地说明了人的抗辩限制的后果。而权利移转行为的有因性，即票
据权利转移行为是受原因关系消灭或不存在等影响的有因行为，
能更好地解释后手抗辩和二重无权抗辩等情形的处理结论。因
此，票据行为无因性的内涵因票据理论的发展而更加丰富，建立
在二阶段创造说基础上的票据行为无因性之内涵更加合理，对新
的票据问题具有更强的解释力。有鉴于此，笔者以票据行为无因
性为题，从票据理论入手，以二阶段创造说为理论基点，阐释票
据行为无因性的内涵，对票据行为无因性的效力进行梳理，并对
"二重无权抗辩"及"后手抗辩"等新型票据问题作出前瞻式的
研究。

第一章　票据行为无因性与票据行为二阶段说的关联

　　无因性作为票据行为最独特的法律属性，业已被公认为票据法的基本原则和灵魂，但对于票据行为无因性的内涵、效力范围，学者从不同的票据理论出发所持观点多有不同。所谓票据理论，就是关于"票据上的义务（票据债务）是怎样产生的"这一问题的法律构成论。[①] 概括起来，票据理论的主要课题有以下两个方面：其一，如果票据上表彰的权利被转让了，债务人对于转让人可以对抗的人的抗辩就会变得无法对抗受让人，即发生所谓的人的抗辩限制这一现象；其二，在签名后交付给对方前，因偷窃或丢失造成了票据脱离了签名人而落入第三人手中，或因委托保管的票据违反委托的信誉而使票据进入流通等情况，也就是所谓的在交付契约欠缺的情况下，签名人对于票据持有人是否承

----

① 　[日] 大塚龙児、林竑、福泷博之：《商法Ⅲ——手形·小切手（第3版）》，有斐阁2006年，第35页。

担票据上的债务的问题，这是与票据交易的安全息息相关、密不可分的实际性的切实的问题。

根据采用的票据理论的不同，票据签名人承担票据债务的情况存在着差异。对于各种票据理论学说，学者从不同角度加以评判，从而持有不同的观点，但对于评判标准却没有论及。票据理论作为规范命题，在评判孰优孰劣之前，必须先确定评价标准问题，即在什么样的情况下使票据签名人承担票据债务从结果上看比较妥当。这方面的判断标准应该有两个：其一，这一问题最终归结为重视票据签名人的利益还是票据取得人的利益的问题，换言之，即归结到静的安全的保护与动的安全的保护哪一个是重点的问题上；其二，为了解决有关票据的各种问题，票据理论各学说都存在着一定的合理性，同时针对具体问题也需要进行个别修正。但是，如果某一票据理论仅以该理论能够解决众多相关票据问题，且不失其理论的整合性，即可判断出该理论具有合理性。从下面的分析可以看出，二阶段创造说最符合这两个判断标准，因此应是最可采纳的票据学说。鉴于此，本书拟在梳理票据理论诸种观点、学说的基础上，以票据行为二阶段说为视角，系统考察、阐释票据行为无因性与票据理论的相互关联。

第一节　票据理论学说释评

票据理论，也称为票据学说，起源于 19 世纪中期的德国。出票人在票据用纸上记载重要事项做成票据、签名并交付给收款人，收款人即取得向出票人请求付款的权利，这种关系在理论上的构成即为票据理论或票据学说。① 票据的出票通常是指出票人在票据上记载必要事项并完成签名（自己签名、记名盖章）后交付给收款人的行为。单纯地看，票据行为特别是出票行为，只有在将票据交付给收款人之后才算完成。在票据行为构成的法律规定上，这种通常的过程自不用说，但是在票据未交付而被盗的特殊情况下，票据行为成立的法律构成问题却存在着争论。② 票据理论从能否形成一种适用于所有票据行为的统一的法律构成这一问题入手，其中心论点是与出票相关的法律构成，尤其在出票人完成票据后尚未交付时被盗并进行流通的情况，出票人是否应该对善意的票据取得人承担票据责任（交付欠缺的抗辩）。出票行为的成立是否与票据签名及基于签名人的意思交付票据为必要条件，这一问题与票据行为有重要的关联。

票据理论的主要课题有：（1）在行为人以书面形式做成票据，签名并交付给对方的正常情况下，如何说明此种法律关系；（2）应该如何理解票据意思表示的内容，是否应该适用民法有关意思表示的相关规定；（3）应该如何考虑票据行为的无因性③；（4）票据权利被转让时，债务人可以对抗转让人的抗辩不能对抗受让人，即发生人的抗辩限制的问题；（5）在签名后交付给对方前，因偷窃或丢失造成票据脱离签名人而落入第三人之手，或委托保管的票据因违反委托的信誉而使票据进入流通等情况下，也就是所谓的欠缺交付

① ［日］丹羽重博：《手形·小切手法概論（第3版）》，法学书院2007年，第73页。
② ［日］宫島司：《手形法·小切手法（第2版）》，法学书院2007年，第26页。
③ ［日］三枝一雄，坂口幸男《手形·小切手法》，法律文化社2003年，第18页。

契约的情况下，签名人对于票据持有人是否承担票据上的债务的问题，这是与票据交易的安全息息相关、密不可分的实际性问题。

一 票据理论的学说梳理

关于票据理论的学说流派颇多，归结起来，主要包括（交付）契约说、一般发行说、修正发行说、创造说和二阶段说等。

（一）（交付）契约说

契约说（Begebungsvertrag）首创于 19 世纪，英、美、法学者多采此说，而在德国、日本则为少数说。契约说认为，票据行为也和一般的合同一样，是关于票据债务承担的合同。只是因为其是书面行为，只单单的意思表示是不够的，做成票据并签名，再向作为其对方的受领人或被背书人（背书的情况）交付，通过这个被受领的行为之后成立。如《英国汇票法》第 21 条第 1 款的规定即采用该种观点。① 在这个学说中，因为票据行为完成后票据债务发生，加上意思表示的做出，其意思表示必须到达对方，对方的受领能力及承诺的意思表示也被认为必要。但日本的契约说认为，在票据行为中，像在民法上的典型合同中实施的这种具体性的、承诺的意思表示是没有必要的。如果对方受领了票据的交付，即被认定作出了承诺的意思表示，合同即成立、生效。在通过第三人向受领人或被背书人交付票据时，根据契约说，第三人被看作出票人或背书人的使者。交付契约说认为，票据行为的成立需要对方作出承诺的意思表示，在这种必要条件欠缺的情况下，特别是因对方无能力或

---

① 《英国汇票法》第 21 条第 1 款规定："出票人、承兑人或背书人对于汇票上的任何约定，在为使其生效而将票据交付前，均认为未完成并应撤销。"

意思表示欠缺而不能完成承诺时，因不发生票据债务，票据仅仅成为流通的废纸，这对于强化票据的流通是不适当的。

通过对契约说的梳理与考察，不难发现契约说的优点主要集中于以下三个方面：其一，票据行为以行为人的意思表示为要素，依其对直接相对人及其后之票据取得人的意思到达而发生意思关系。因此，欲探究票据行为是契约行为抑或单方行为，其关键是票据行为人的意思表示是否需要受领者的承诺。其二，就票据的背书而言，并非仅以负担债务为目的（如委任取款背书），而是转让票据权利的行为，且系以交付票据为必要的要物行为。民法将债权的让与解释为契约，故背书亦应认为系债权让与契约。因此，依背书转让票据权利，应解释为基于当事人意思之效果，始符合背书的真相。至于票据抗辩限制制度，乃特为保护善意人所设，并不妨碍将背书解释为债权让与行为的结论。其三，如何理解汇票承兑的性质，是票据行为是否为契约行为的关键所在。在承兑时，虽然票据所有权的转移无交付契约存在，但所有权的转移并非票据行为成立的必要条件，票据行为的成立仅须票据交付或返还，从而使意思表示到达于相对人即可。所以，承兑与出票和背书一样，都是契约行为。[①] 然而，契约说虽能反映票据行为人意思表示的本质，尊重当事人的意思自治，有利于债务人利益的保护，但在实务上认定契约的成立即要约与承诺较为困难。[②] 契约说有如下缺陷：其一，相对人如有妨碍其承诺的事由

---

① 郑洋一：《票据行为之法理论》，三民书局股份有限公司 1988 年版，第 30—35 页。

② 汪世虎：《票据行为性质之我见》，《贵州警官职业学院学报》2003 年第 3 期，第 33—37 页。

（如无能力、意思表示障碍）发生时，票据行为即不成立，这阻碍了票据的流通。其二，根据契约说，签名本身不是一种独立的法律行为，只不过是交付契约的准备行为。因此，在署名后交付前，票据由于失窃或遗失不在署名者手中的情况下，被委托的票据行为人与相对人之间不存在票据授受的交付契约，所以票据行为人的票据债务不成立。这种学说妨碍了票据的交易安全。其三，契约说认为票据债务依票据授受当事人之间的交付契约而发生，在这一点上，可以认为其债务的发生与一般债权债务的发生完全相同。但是，票据上的债权债务具有自己的特殊性：即不仅发生在票据授受的当事人之间，而且也发生在与其后的多数取得人之间。这种学说无法说明出票人对于取得票据的收款人的后手为什么负担债务的问题。[①]

（二）一般发行说

发行说（Die Emissionstheorie）诞生于德国，其创始人是Stobbe。[②] 发行说把票据行为解释为对方的某种单独行为通过意思的对外表示（证券的发行）而成立；通过向对方（受领人和被背书人）的意思的送达（证券的交付）而产生权利的一种学说。该学说同样认为票据行为人以书面形式做成票据，并直接向对方当事人交付时，票据债务产生。

赵新华教授认为："……票据行为既是一种记载行为，又是一种签章行为，同时也是一种交付行为；换言之，票据行为乃是由三种相互关联的实际行为，作为其构成要素，从而成立的法律

----

① 高金松：《空白票据新论》，台北五南图书出版公司1986年版，第40页。

② 刘永光：《论我国票据行为理论的构建——以出票行为为中心》，《厦门大学法律评论（第十七辑）》，厦门大学出版社2009年版，第277—296页。

行为。因而，在票据法上，凡属于具备这三项构成要素的行为，均应为票据行为，而不具备这三项构成要素的行为，则不应为票据行为。"但赵新华教授又指出，按照发行说的观点，当票据并非依行为人自己的意思而投入流通时，行为人无必要承担票据债务，这将不利于保障票据的安全性与流通性。"基于上述情况，为解决立法上和实践上的矛盾，一般采取在立法上遵循发行说的观点，原则上规定以票据交付为票据行为的要件。但作为特例，同时规定对于未通过正式交付而流通的票据，推定为已完成交付，出票人不得以未经交付对抗持票人，以此来保护持票人；但对于已知未经交付、或者因重大过失不知未经交付而受让票据的持票人，亦即有恶意或重大过失的持票人，出票人得主张票据未经交付的抗辩，拒绝履行票据义务，以此来保护出票人。"①

　　一般发行说具有如下优点：首先，它以票据的交付作为票据行为的成立要件，可以克服创造说仅以行为人的签名无须票据的交付行为即成立，从而忽视当事人意思表示本质的不足。因为票据的做成并非行为人意思表示的完成，只有在票据交付后才能真正说明行为人的目的是发生票据上的法律关系，如行为人完成签名后将票据交由他人保管而不是交付与债权人，就不能产生票据上的债权债务关系。其次，在欠缺票据交付的情况下，发行说确有保护善意第三人不力之嫌，但可结合权利外观理论加以弥补。这并不自相矛盾，因为探讨票据行为的性质主要是针对正常的票据活动，而欠缺票据交付的情况显属例外，因此，不能以例外来否定一般原理。最后，从各国立法及判例来看，由于大都肯定票

①　赵新华：《票据法论》，吉林大学出版社 1998 年版，第 77—78 页。

据行为只需行为人的意思表示合乎票据法上的形式要件，即能发生票据法上的效力，接近发行说的主张。特别是我国现行票据法对汇票、本票、支票的定义均有"签发"字样，系采发行说。[①]但发行说有如下无法解释之处：其一，交付行为本身效力如何界定？特别是如果交付行为已发生一段时间，则可能产生如下问题：交付行为要求行为人本身有行为能力，如果做成票据时无行为能力，而交付时有行为能力如何认定其效力？其二，有害于交易安全。如果出现票据署名后交付前的失窃、遗失等情况，被委托的票据进入流通领域，就会因为没有对票据相对人的票据交付，致使出票人的票据债务不成立。此时，出票人就可以援用对物抗辩，从而导致妨碍票据交易安全的后果。[②]

（三）修正发行说

修正发行说在采用一般发行说的基础上，认为至少基于票据签名人的意思将票据投入流通（不仅限于收款人，任意的第三人都可以）后，假设发行（意思表示的发出）行为完成。即票据行为是一种面向不特定多数人的单独行为，无须到达特定对方。该学说源于日本已故著名商法学家田中诚二教授。田中教授认为，为了进一步保障票据的流通性，应对传统的发行说进行修正，票据的出票行为不是交付给收款人后完成，而是出票人基于自己的意思，为了使票据交付给收款人而放弃对票据的占有。根据田中教授的观点，提倡修正发行说的目的在于，为了保护票据善意取得人的权利，不采用适用范围不明确的权利外观说，而是

---

① 汪世虎：《票据行为性质之我见》，《贵州警官职业学院学报》2003 年第 3 期，第 33—37 页。

② 王艳梅：《票据行为性质的阐释》，《当代法学》2006 年第 9 期，第 129—134 页。

以修正发行说来强化对票据流通性的保护。①

修正发行说又细分为两种学说：其一认为票据行为因向签名人以外的第三人任意交付而成立；其二认为通过向签名人以外的第三人转让票据而产生票据上的权利。这两种学说的共同点是：都认为票据行为是对于不特定多数人的单独行为。但是，第一种学说认为，票据行为通过向第三人的转让而成立，因证券的到达，票据行为产生效力，产生了票据上的权利。第二种学说则认为，通过向第三人的任意的转让，票据行为成立，同时产生效力。

（四）创造说

创造说以票据这种证券所有权的取得为中心来说明票据上权利的获得。创造说认为，票据上债务的发生始于票据行为人的创造，有无相对人在所不问；只要票据行为人完成票据记载并签章（做成票据），"无需另为票据交付，票据债务即自然发生；即使票据违反当事人的意思而被他人取得并被投入流通过程，仍然具有约束力。"② 基于此观点，票据上意思表示仅以票据书面做成（票据记载及签章）而成立；票据行为的有效以及票据的效力，不以交付票据为必要条件，票据交付只是对既存票据权利的转让，是否进行交付属于直接当事人之间对人抗辩的事由。通过对票据证券所有权的继受取得或原始取得（善意取得），来原始取得作为其效果的票据上的权利（作为没有附着抗辩的权利来获得）。因此，每当票据转移、取得人变更时，票据行为的效力都

---

① 刘永光：《论我国票据行为理论的构建——以出票行为为中心》、《厦门大学法律评论（第十七辑）》，厦门大学出版社 2009 年版，第 277—296 页。

② 吴京辉：《票据行为论》，中国财政经济出版社 2006 年版，第 40 页。

会因其取得人而发生。

如果票据债务的发生以交付为必要，那么，即使行为人已做成票据，在将该票据依自己的意思进行交付之前票据行为尚未完成，从而不问票据的受让人为善意抑或恶意，票据行为人均不负担票据上的债务。但是，从票据受让人的立场看，其无法得知票据的交付是否依行为人的意思而完成，致其遭受不可预知的损害，阻碍票据的流通。因此，从实际结果上看，不以交付为必要的考虑更为合理。①

创造说的优点主要有以下几个方面：其一，票据为无因证券，票据行为具有无因性，票据行为依行为人单方面所为的有关行为而成立，其有无约因，或其约因是否正当或有效存在都在所不问。其二，票据为文义证券，票据行为具有文义性，票据行为的内容完全依据票据上所作的书面记载来决定，行为人在票据上依法记载其行为意思并签名盖章时，有关的票据行为即告完成。所以，不能以交付作为票据行为是否完成的标准，更不能以交付作为票据行为有效成立的必要条件。交付只是票据正常进入流通领域的一个步骤，并不影响票据行为的效力。其三，即使在主张契约说的英、美、法国家，其票据立法都把票据行为定性为契约行为，并把交付规定为有关票据生效的条件，但是，这些国家的立法同时又规定，票据行为人虽然能够以契约的无效免除其对直接相对人所承担的义务，但不能以此对善意取得有关票据的关系人主张抗辩，从而使主张契约行为说所导致的结果与主张单方行为说的结果大致相同。此外，这

———————

① ［日］鈴木竹雄：《手形法·小切手法》，有斐閣1957年，第140—141页。

些国家的票据法还规定，凡票据脱离有关票据行为人的占有时，除非有相反的证据存在，否则应推定该有关票据行为人已完成票据的有效交付，而且在该票据为善意持有人持有时，便可推定在该持有人以前的各票据关系人相互之间都存在有效的交付，从而使票据的交付实际上失去了决定票据行为完成和有效成立的立法意义和实际意义。① 然而，依此学说，票据一旦做成并发行，即使尚无权利归属人，也产生不归属于任何人的权利，这在理论上产生了矛盾，该学说也因此被批判。另外，创造说也有如下疑问：其一，凭签名，票据债务就成立，这与意思表示的一般原则相反；其二，在交付前的阶段，签名人即是债务人也是债权人，这样的构成不恰当；其三，在票据转让时，对于受领人以外的人，票据债券的归属不易阐明。

（五）二阶段说

票据行为二阶段说是在创造说的基础上形成的，原有的创造说对票据行为采用一元的构成理论，仅以票据的作成为阐述对象，而票据行为二阶段说则对票据行为采取二元的构成理论，对票据的做成与交付的行为效力分别进行分析。该学说把票据行为分为票据债务负担行为（证券作成行为）和票据权利移转行为（证券交付行为）分别进行论述，即票据债务负担行为是因票据的作成而成立的无因行为，它不仅以负担票据债务为目的，而且也将与其债务相对应的权利和书面相结合作为其目的，通过这种结合，票据这种有价证券就做成了。相应地，票据权利的转让行为是通过票据的交付而成立的行为，是以转让结合

---

① 谢石松：《票据法的理论与实务》，中山大学出版社 1995 年版，第 28—30 页。

在票据上的权利（票据权利）为目的的有因行为。二阶段说把票据行为解释为是由这两种行为构成的法律行为，这种把权利的存在问题和权利的所属问题区别论述的构想，是近年来很有影响的学说。

　　该学说主要由日本学者所主张，代表人物有前田庸、铃木竹雄、平出庆道、庄子良男及浜田道代等。前田庸认为，票据行为是"由以负担票据债务，并将所成立的权利结合于票据为目的的票据债务负担行为，与以票据上权利的转移为目的的票据权利移转行为，这样两个行为构成的法律行为"①。铃木竹雄亦在其著作《票据法·支票法》中，阐述了二阶段创造说的内涵及自己对票据理论所持立场："创造说仅以证券的作成为问题，而契约说则将证券的作成和交付作为一体来把握，相对于此，可以将证券的作成和证券的交付分两个阶段，分别进行考察：第一阶段为证券的作成，是依签章人的单方行为进行，据此签章人负担票据债务，成立与该债务相对应的权利，同时该权利与证券相结合，而此种权利的主体是作为证券持票人的签章人本人，因其同时又是义务人，所以不能现实地行使权利，但作为权利人当然得处分其权利；第二阶段为票据的交付，是移转依证券的作成而产生的权利的行为，这在出票及背书的场合是当事人之间的契约。因此，如果没有签章人的票据交付，则无法转移权利，从而票据的盗取人及受托保管人应是无权利人，但是如果其具备形式资格，那么从该人处背书取得票据的持票人可以善意取得该票据权利。总之，根据第一阶段票据的作成而产生的票据权利，在第二

―――――――――

① 〔日〕前田庸：《手形法·小切手法》，有斐阁1999年，第59页。

阶段通常依证券的交付而转移，作为例外依善意取得而享有权利。这种思维方式与有价证券上有关权利的存在与归属关系的理论相契合，也是最符合有价证券本质的观点。"① 即票据债务负担行为是依票据的作成而成立的行为，其不仅以负担票据债务为目的，而且以与债务相对应的权利结合于书面为目的，据此成立作为有价证券的票据。票据权利移转行为是依票据的交付而成立，并以转移结合在票据上的权利为目的的行为。②

二阶段说相较其他票据理论有突出的优点，可以在理论上明确地说明票据各基本制度的相互关系。不依赖于权利外观理论，即可导出对票据债务发生要件的妥当的结论，通过将票据行为区分为债务负担行为和票据权利移转行为两个阶段可以清楚地说明票据抗辩的分类。③ 但也有学者从传统的票据无因论立场出发，坚决反对票据权利转移行为有因这一理论，并对这一观点提出了尖锐的批判。如日本学者龙田节认为，将票据行为分解成票据的债务负担行为和票据权利转移行为，这种两分法过于技巧化，不易理解。另外，把票据的债务负担行为和票据权利转移行为分为两种完全不同性质的法律行为，前者为无因，后者为有因，这种法律行为的构造极其不自然。④

（六）权利外观理论

契约说和发行说重视票据签章人的利益，不利于保护票据交

____

① ［日］铃木竹雄：《手形法·小切手法》，有斐阁1957年，第142—143页。
② ［日］前田庸：《手形法·小切手法》，有斐阁1999年，第63页。
③ ［日］庄子良男：《手形抗弁論》，信山社1998年，第473页。
④ ［日］今井宏：《票据行为与票据的交付》，铃木竹雄、大隅健一郎编：《票据法支票法講座（1）》，有斐阁1965年，第102页。

易的安全，今天的多数契约说和发行说都从保护票据取得人的角度出发，通过权利外观理论（Rechtsscheintheorie）对其进行修正。该说在 20 世纪初由 Ernst Jacobi 所提倡，他在 1928 年发表的《有价证券法纲要》（Grundriβ des Re‑chts der Wertpapiere‑im allgemeinen）对权利外观理论进行了系统的阐述。Jacobi 认为，票据债务的发生依据在于交付契约，证券上债权的取得原则上是基于契约的。但是，在通常情况下，即使该契约因欠缺交付而不成立，第三人也往往相信它是成立的。由于票据制作人通过做成票据这一行为，制造了好像基于债权契约而承担债务的外观（假象），给第三人提供了信赖的基础，所以只要制作人对该假象的产生是有责任的，那么他就必须基于该假象而承担责任。①也就是说，票据签名人根据票据的做成行为，作出类似承担票据债务的外观，从而让第三人产生了信赖，因此，向对方承担因外观而产生的责任。

二　票据理论学说的评价

（一）票据理论学说的评价标准

根据采用的票据理论的不同，票据签名人承担票据债务的情况存在着差异。对于各种票据理论，学者从不同角度加以评判，从而持有不同的观点。以下面三种情形为例：①A 完成票据必要记载事项并签名后，在交付 B 之前，C 盗取其票据并伪造 B 的背书，进而背书转让给 D，D 对 A 请求支付票据金。C 是盗取

---

① 刘永光：《论我国票据行为理论的构建——以出票行为为中心》，《厦门大学法律评论（第十七辑）》，厦门大学出版社 2009 年版，第 277—296 页。

人，D 因此是善意无重大过失的。②A 完成票据并将其寄给收款人 B，但寄送途中 C 盗取其票据，伪造 B 的背书，背书转让给善意无重大过失的 D，D 对 A 请求支付票据金。③A 完成票据，向收款人 B 交付其票据，B 领受该票据并对 A 请求支付票据金。上述三个事例，在案例③中，A 承担票据上的债务，因此原则上认为必须满足 B 的票据金支付请求，这毫无疑问。问题是在①或②的案例中，A 是否应承担票据上的债务，即是否必须回应 D 的票据金请求。票据理论在类似上述案例中，以票据签名人 A 是否应承担票据上的责任为中心展开讨论。

票据理论作为规范命题，在评判孰优孰劣之前，必须先确定评价标准问题，即在什么样的情况下使票据签名人承担票据债务从结果上看比较妥当。这方面的判断标准应该有两个：其一，这一问题最终归结为重视票据签名人的利益还是票据取得人的利益的问题，换言之，即归结到静的安全保护与动的安全保护哪一个是重点的问题上。一般而言，对于静态安全保护与动态安全保护，可以作如下的区分：对于既存的权利或者利益给予保护，即对于原有权利人或者固有权利人给予保护，为静态安全的保护；而对于新取得之权利或者利益给予保护，即对于相对于原有权利人的第三人或者交易相对方给予保护，则为动态安全保护。① 有鉴于此，也可以说，静态安全保护乃是意思自治的保护，而动态安全保护则是交易安全的保护。关于应该保护动的安全还是静的安全，应视交易对象而不同。在民法领域，正如有学者所言，"比起权利变动来说，权利的归属更重要——可以说民法典的社

---

① 赵新华：《票据法问题研究》，法律出版社 2007 年版，第 2 页。

会形象是静态的。"① 之所以如此，乃是因为作为法的一般原则，必须确认已经取得之权利，不得随意剥夺；只有首先确认已经取得权利之人就其权利具有确定不疑的权利人资格，可以受到法律的充分保护，才能在此基础上发生有效的权利移转或者权利变动。在票据法领域，由于票据权利是表现为有价证券的债权，其作为有价证券的性质可以说几乎掩盖了它的债权性质，而有价证券制度创设的宗旨，本来就是为了便于权利的转让；加之票据几乎自始就是为了便于流通而创设出来的一种工具，其流通性乃是与生俱来的特性，因而，可以说票据权利天生具有动态的特征，对于票据权利的保护，也应该在动态安全的保护中实现。有鉴于此，在票据法领域，作为不同于一般私法思维的票据法思维，动态安全保护的原则是贯穿于票据活动始终的。② 票据制度设置应该倾向于保护票据取得人的利益。其二，为了解决有关票据的各种问题，票据理论各学说都存在着一定的合理性，同时针对具体问题也需要进行个别修正。但是，如果某一票据理论仅以该理论能够解决众多相关票据问题，且不失其理论的整合性，即可判断出该理论具有合理性。

（二）对契约说、发行说和权利外观理论的批判

从上述第一个标准来看，依契约说，在解释为契约的票据行为时，若要票据行为成立，对方的承诺意思表示是必不可少的。如果对方因无行为能力或欠缺意思表示而不能完全承诺，在这种情况下，就不会产生票据上的权利。在上述事例①或②的情况下

---

① ［日］大村敦志：《民法总论》，江溯、张立艳译，北京大学出版社 2004 年版，第 38 页。

② 赵新华：《票据法问题研究》，法律出版社 2007 年版，第 3 页。

不会产生票据权利，只有在上述列举的案例③的情况下，票据签名人承担票据债务，可以看出，其较重视票据签名人的利益，重点放在静的安全保护方面，对于强化票据的流通性是不妥当的。与此相对，依据创造说，在①、②和③任何一种情况下，票据签名人都承担票据债务，较重视票据取得人的利益，重点放在动的安全保护方面。依发行说，在①的情况下票据签名人不承担票据债务，②的情况分为承认签名人的票据责任的观点和不承认的观点，可以说是契约说和创造说的折中说法。

　　由上可见，契约说或发行说都注重票据静的安全保护，不利于票据的流通，为弥补此不足，两种学说都附加权利外观理论来予以修正，以达到保护票据交易动的安全的目的，保护票据取得人的利益。依权利外观理论，上述列举的案例在①、②和③任何一种情况下，票据签名人都应承担票据上的责任，结果会变成与创造说相近，但该理论并不理想：其一，依据权利外观理论，票据取得人即使被保护，票据签名人存在的归责事由也难以认定，因此，票据取得人被保护的界限也不清楚。例如，对完成票据自身承认归责理由，还是只在完成的票据存在保管过失的情况下承认归责理由？如果是前者，依据票据完成自身承担票据上的责任，结果是归结到创造说上，采用契约说或发行说就变得无意义；如果是后者，票据签名人的票据债务界限变得暧昧，欠缺票据取得人的保护。其二，如果依据权利外观理论，在交付契约欠缺的情况下，在票据上签名的人无意思表示而承担票据上的责任。但是，即使依据这一说法，例如，无行为能力人在票据上签名并作出权利外观的情况下，不能说其自身不承担票据上的责任。但所谓无行为能力人是不能有效地进行法律行为的人。这样，如果是否能够有效地进行法律行为成为是否承担票据上的责任的判断标准，票据上的责任依据有效的法律行为（意思表示）成立，这样解释是很自然的，关于权利外观理论在这一点的批判是妥当的。

综上所述，纯粹的契约说和发行说确实对于票据债务发生要件的解释起到一定作用，但从票据取得人的立场，维持其原本的状态是不恰当的。如果对这两种观点附加权利外观理论以谋求票据取得人的保护，则否定了契约说或发行说的基本观点而回归到创造说，并且不能避免票据债务是否成立的界限变得暧昧。

（三）二阶段创造说的优点

创造说中的票据行为二阶段说以其理论构成解释相关票据的各种问题更具有合理性，不但符合第一个标准，保护票据交易的动的安全，而且同时符合第二个标准，因而相较其他票据理论有突出的优点，成为近年来非常有影响力的票据学说，主要表现为以下几个方面：

其一，票据行为二阶段说可以在理论上明确地说明票据各基本制度的相互关系。也就是说，票据行为独立原则是相关票据债务负担行为的问题，善意取得是相关票据权利移转行为的问题，如善意取得可以"治愈"票据权利移转行为的瑕疵，是权利移转层面上的问题；而对人抗辩的切断是票据债务负担行为和票据权利移转行为均有效成立且无瑕疵，但基于票据外的法律关系（主要是原因关系）而产生抗辩的场合，该事由在对善意人的关系上得以排除，从而"治愈"原因关系上的瑕疵。①

———————————

① ［日］前田庸：《手形法·小切手法》，有斐阁1999年，第67页。

其二，票据行为二阶段说可以不依赖于权利外观理论，即可导出对票据债务发生要件的妥当的结论，并对于阐明围绕着票据所发生的各种法律关系也有着重大的作用。票据理论主要是围绕着票据债务的发生要件展开讨论的，但是票据上所发生的法律关系，并不仅限于票据债务负担方面，也涉及票据权利转移方面的问题。换言之，围绕着票据的法律关系形成了票据债务负担方面与票据权利转移方面两根支柱，而且这两个方面分别具有不同的性质。① 这样，在探讨各种有关票据的问题时，必须明确区别其属于哪一个方面的问题，而票据行为二阶段说可以分别为各个阶段，从债务负担和权利移转两个方面明确票据上的各种制度和理论的联系，以此对有关票据的问题进行整体性的考察，并对各个制度进行分析与检讨。

其三，票据行为二阶段说使用票据债务负担行为和票据权利移转行为两个概念得以清楚地说明票据抗辩的分类，即在票据债务负担行为欠缺成立要件的场合为对物抗辩；票据权利移转行为存在瑕疵的场合为无权利抗辩；票据行为本身无瑕疵，但其以外的法律关系（主要是原因关系）上的事由所产生的抗辩为人的抗辩。②

三　我国票据法律制度对传统票据理论的背离

（一）我国票据制度对传统票据理论的模糊与摇摆

我国《票据法》有三条涉及票据行为的理论构成：其一，《票据法》第 4 条第 1 款规定："票据出票人制作票据，应当按

---

① ［日］前田庸：《手形法·小切手法》，有斐阁 1999 年，第 56 页。
② ［日］庄子良男：《手形抗弁論》，信山社 1998 年，第 473 页。

照法定条件在票据上签章，并按照所记载的事项承担票据责任。"从本款文义可知，出票人在做成票据并依法签章之后，票据责任即产生，它是一种单方法律行为，采纳的是创造说。诚如前所述，根据创造说理论，票据上意思表示仅以票据书面的做成（票据记载及签章）而成立；票据行为的有效以及票据的效力，不以交付票据为必要条件，票据交付只是对既存票据权利的转让，是否进行交付属于直接当事人之间对人抗辩事由。通过对票据证券的所有权的继受取得或原始取得（善意取得），来原始取得作为其效果的票据上的权利（作为没有附着抗辩的权利来获得）。因此，票据行为的效力，每当票据转移、取得人变更的时候，都会因其取得人而发生。依此学说，票据被做成并发行，即使尚无权利归属人，也应承认不归属于任何人的权利，这在理论上产生了矛盾，该学说也因此被批判；其二，《票据法》第 10 条规定："票据的签发、取得和转让，应当遵循诚实信用的原则，具有真实的交易关系和债权债务关系。票据的取得，必须给付对价，即应当给付票据双方当事人认可的相对应的代价。"从本条文义可知，票据行为同契约行为相似，是关于票据权利享有与义务承担的合同，立法者采用系为契约说。根据契约说，票据行为的成立需要对方作出承诺的意思表示，在这种必要条件欠缺的情况下，特别是因对方的无能力或意思欠缺而不能完全承诺的时候，因为不发生票据债务，所以票据仅仅成为在流通中的废纸，这对于强化票据的流通保护是不适当的。因此，今天的多数契约说，都是为了能够对应第三人的保护，在做着通过权利外观理论的修正；其三，《票据法》第 20 条规定："出票是指出票人签发票据并将其交付给收款人的票据行为。"从本条文义可知，出票行为系为出票人所为的纯粹性的票据行为。立法者采用的为修正发行说。[①] 根据修正发行说，票据行为是一种面向不特定多数人的单独行为，无须到达特定的对方，申言之，立法者在票据上签名的意思基础之上将票据设为流通（不仅限于受领人，任意的第三人都可以）后，从而肯定票据行为的效力。

　　综上所述，在同一部法律中，适用了不同的票据理论学说，导致了自相矛盾的状态。这种矛盾的结果反映了立法者们在票据行为理论的取舍问题上所存在的困惑。从学理上看，由于各种学说的基本出发点各不相同，其法律后果也迥然有别，因此，立法者的这一做法只能使我国的票据行为理论显得更为混乱。

　　（二）我国票据制度对传统票据理论背离样态之具体化

　　在我国，票据法的渊源除了经过 2004 年修订的《中华人民共和国票据法》外，还有 1997 年由中国人民银行制定、由国务院批准实施的《票据管理实施办法》，以及与《票据法》、《票据管理实施办法》相配套的《支付结算办法》，除此之外，还有最高人民法院制定的《关于审理票据纠纷案件若干问题的规定》等。这些法律形式共同构成了票据法律制度的载体，然而，通过考察这些法律、法规不难发现，它们对具体票据法律制度的规制均存在一定程度的混乱与矛盾，凸显了我国票据制度与传统票据理论的背离，具体而言，主要表现在如下几方面：

　　1. 规则严苛，压抑了票据的流转属性

　　诚如前所述，诸多票据理论学说的构建核心均绕不开对票据

----

　　① 刘永光：《论我国票据行为理论的构建——以出票行为为中心》，《厦门大学法律评论（第十七辑）》，厦门大学出版社 2009 年版，第 277—296 页。

流通功能这一本质属性的维护。"票据的流通功能，是票据的目的性功能。票据之所以被创造出来，最根本的目的就是为了让其代替货币进行流通，以完成商品的交换过程。虽然票据的流通并不具有强制性，并不能完全等同于货币的流通，它只能在愿意接受票据转让的当事人之间流通。但是必须看到的是，票据的流通使票据功能的发展实现了实质性飞跃。甚至可以说，票据的各项功能，只有通过其流通性，才能表现出来。票据如果丧失了流通性，就只能停留在一般的债权证书的水平上。"① 从票据法的相关法律规则设计可知，我国立法者奉行、秉承传统票据理论这种核心理念。"为了发挥票据的流通功能，票据法的诸多制度都是围绕着这一点设计的。如票据行为的无因性、独立性原则，以背书代替债权的转让通知以及票据付款时，付款人仅进行形式审查，认票不认人等。"② 尽管如此，从大量的票据司法实践来看，我国的票据立法对于票据流通功能的保障路径仍难言畅通，与发达国家的国际通行立法尚有一定差距。如我国《票据法》第8条规定："票据金额以中文大写和数码同时记载，二者必须一致，二者不一致的，票据无效。"中国人民银行的《支付结算办法》第13条规定："票据和结算凭证金额以中文大写和阿拉伯数码同时记载，二者必须一致，二者不一致的票据无效；二者不一致的结算凭证，银行不予受理。少数民族地区和外国驻华使领馆根据实际需要，金额大写可以使用少数民族文字或者外国文字记载。"此种关于票据金额记载不规范的法律后果，国际上通行

---

① 于莹：《票据法》，高等教育出版社2008年版，第21页。
② 同上。

做法与我国立法态度有较大差异。如《日内瓦统一汇票本票法》第 6 条规定："当汇票应付金额同时以文字和数字表示，但两者之间存在差异时，由文字表示的金额为应付金额。如果汇票应付金额多次以文字或多次以数字表示，而且存在差异时，则以较小的数额为应付金额。"《联合国国际汇票和国际本票公约》第 8 条规定："以文字表明的金额与以数码表明的金额不符时，票据应付金额即以文字金额为准……如果金额不止一次以文字表示，而其间有不符之处，应付金额即以较小金额为准。如果金额不止一次以数码表示，而其间有不符之处，则适用同样规则。"通过对上述国际上票据立法的通行做法可知，票据记载存在不一致时，并不以否定票据的有效性为前提，而是遵循票据有效性原则，尽可能地采取补救办法，这样的结果就是能够最大限度地保障票据的流通性，此与传统票据理论相符。

2. 票据格式规则设计粗糙，与传统票据理论所主张的票据要式性、文义性尚存一定差距

关于票据的文义属性，学界表述各异，但内涵基本一致。票据的文义性，系指"一切票据权利、义务的内容，应当严格按照票据上记载的文义并根据票据法的规定予以解释或者确定，此外的任何理由和事项都不能作为根据。据此，即使当事人在票据上记载的文义有误，也不能以票据以外的其他证明方法来进行变更或者补充。票据的这一特征有利于保护善意持票人，维护票据的流通性，确保交易安全。"① 毋庸置疑，我国立法者对于票据

---

① 胡德胜、李文良：《中国票据制度研究》，北京大学出版社 2005 年版，第 46 页。

文义性之票据原理是持肯定态度的。如我国《票据法》第 4 条规定："票据出票人制作票据，应当按照法定条件在票据上签章，并按照所记载的事项承担票据责任。持票人行使票据权利，应当按照法定程序在票据上签章，并出示票据。其他票据债务人在票据上签章的，按照票据所记载的事项承担票据责任……"第 14 条规定："票据上的记载事项应当真实，不得伪造、变造。伪造、变造票据上的签章和其他记载事项的，应当承担法律责任。票据上有伪造、变造的签章的，不影响票据上其他真实签章的效力。票据上其他记载事项被变造的，在变造之前签章的人，对原记载事项负责；在变造之后签章的人，对变造之后的记载事项负责；不能辨别是在票据被变造之前或者之后签章的，视同在变造之前签章。"第 57 条规定："付款人及其代理付款人付款时，应当审查汇票背书的连续，并审查提示付款人的合法身份证明或者有效证件。付款人及其代理付款人以恶意或者有重大过失付款的，应当自行承担责任。"与之相对应的，中国人民银行的《支付结算办法》第 17 条规定："银行以善意且符合规定和正常操作程序审查，对伪造、变造的票据和结算凭证上的签章以及需要交验的个人有效身份证件，未发现异常而支付金额的，对出票人或付款人不再承担受委托付款的责任，对持票人或收款人不再承担付款的责任。"可以说，《票据法》及《支付结算办法》渗透着立法者对票据文义性的尊重，与国际上的票据规则是相一致的。然而，最高人民法院的配套规定却与立法者的本意与初衷发生一定背离。最高人民法院的《关于审理票据纠纷案件若干问题的规定》第 69 条规定："付款人或者代理付款人未能识别出伪造、变造的票据或者身份证件而错误付款，属于票据法第五十七条规定的"重大过失",给持票人造成损失的,应当依法承担民事责任。付款人或者代理付款人承担责任后有权向伪造者、变造者依法追偿。持票人有过错的,也应当承担相应的民事责任。"第70条规定:"付款人及其代理付款人有下列情形之一的,应当自行承担责任:(一)未依照票据法第五十七条的规定对提示付款人的合法身份证明或者有效证件以及汇票背书的连续性履行审查义务而错误付款的;(二)公示催告期间对公示催告的票据付款的;(三)收到人民法院的止付通知后付款的;(四)其他以恶意或者重大过失付款的。"从最高人民法院的配套规定可知,最高人民法院对于付款人及代理付款人的"重大过失"的认定是较为苛刻的。"从票据(法)原理来讲,上述做法完全地、彻底地违背了票据的流通性、无因性、文义性和要式性原理,与现代票据(法)原理背道而驰,同票据国际惯例相悖。从法律和法学理论上讲,是违法地、违背客观事实地为付款人及其代理付款人设定了义务,即加重了付款人及其代理付款人的法律责任。"① 何谓票据要式性,是否与民法理论中的要式性完全一致呢?学界争议较大,通说认为票据要式性是指"票据具有法定款式或法定形式,票据当事人不得随意更改,否则,票据无效。比如票据必须记载的事项、记载的位置、签章的要求等"②。如我国《票据法》第22条规定:汇票必须记载下列事项:(一)表明"汇票"的字样;(二)无条件支付的委托;(三)确定的金额;(四)付款人名称;(五)收款人名称;(六)出票日期;

---

① 胡德胜、李文良:《中国票据制度研究》,北京大学出版社2005年版,第181页。

② 田建华:《金融权益法律保障》,中国金融出版社1999年版,第304页。

（七）出票人签章。汇票上未记载前款规定事项之一的，汇票无效。第23条规定："汇票上记载付款日期、付款地、出票地等事项的，应当清楚、明确。汇票上未记载付款日期的，为见票即付。汇票上未记载付款地的，付款人的营业场所、住所或者经常居住地为付款地。汇票上未记载出票地的，出票人的营业场所、住所或者经常居住地为出票地。"第24条规定："汇票上可以记载本法规定事项以外的其他出票事项，但是该记载事项不具有汇票上的效力。"从票据法的相关规定可知，票据必须符合票据法的要式性要求，否则其效力将受到相应影响，甚至无效。在复杂的票据纠纷实践中，票据的要式性规则并没有能够得到严格的执行，与票据法理论之构建初衷尚有一定差距，如在票据纠纷实践中，经常存在如下问题："（1）银行汇票记载有'出票金额'、'实际结算金额'和'多余金额'三个金额，出票时的汇票金额是多少不确定，这与《票据法》第19条、第20条关于'确定的金额'的规定不符。（2）格式中虽有'代理付款行'一栏，但可以不记载，且没有记载付款人名称处，不符合《票据法》第22条的规定，属于欠缺绝对应记载事项。（3）规定有'申请人'一项，但《票据法》中没有关于银行汇票申请人的规定，申请人不属于票据当事人"①。

3. 深受民事思维困窘，票据行为无因性弱化

所谓票据行为无因性是指"票据行为具备法定形式有效成立后，即与其基础关系相分离，即使基础关系存在瑕疵或无效，

---

① 胡德胜、李文良：《中国票据制度研究》，北京大学出版社2005年版，第219—220页。

对票据行为的效力均不产生影响"①。申言之，票据行为已经法
律所确定生效，票据行为即与其诸如原因关系、资金关系、预约
关系等基础法律关系相分离，其效力不再受基础法律关系是否有
效的"牵连"。对于票据无因性的依据，传统意义上的观点认
为，基于票据文义性，票据法律关系决定于票据上所记载的文
字。对于票据，上面所记载的文字只是支付一定金额的单纯的委
托或者约定而不允许记载原因。所以，票据上的法律关系中不包
括原因关系。在日本，也有很多见解认为票据无因性的根据在于
票据的文义性和票据所记载的文字之间的关系。诚如日本学者所
言，"如果依据票据的无因性，无论原因关系是否有效、不存在
或者消失，票据关系都是有效成立的。这种无因性在直接授受票
据的两个当事人之间也应该被承认。但是，即使在原因关系不存
在或是无效、消失的场合，票据债务人也要对票据持有人负担债
务，如果不拒绝支付，就会产生不当的后果"。② 票据行为无因
性包括外在无因性与内在无因性两层含义。申言之，票据行为无
因性不仅是指法律行为的有效性，独立于产生该法律行为的原因
的有效性，其发生及存续皆不受后者的影响（外在无因性）。也
是指产生法律行为的原因从该法律行为中抽离，不构成该法律行
为的内容，当形成债权债务关系时，原则上，债务人不得以原因
关系所产生的抗辩事由对抗债权人应当行使的权利（内在无因
性）。具言之，票据无因性应该包括以下内容：其一，票据行为
的外在无因性，系指票据行为的效力独立存在，其效力如何，完

----

① 赵万一、汪世虎：《商法学》，中国检察出版社 2002 年版，第 107 页。
② ［日］川村正幸：《手形·小切手法》（第二版），東京法研出版社 2007 年
版，第 26 页。

全取决于该行为在形式上是否符合票据法的要求，而不受由基础关系引起的法律行为的效力的影响。持票人不负证明给付原因的责任，只要依票据法的规定，能够证明票据债权的真实成立和存续，就当然可以行使票据权利；其二，票据行为的内在无因性是指引起票据行为、产生票据关系的实质原因从票据行为中抽离，不构成票据行为的自身内容。所以，当形成票据债权债务关系时，原则上票据债务人不得以基础关系所生的抗辩事由对抗票据债权的行使。① 相较法学界对票据行为无因性理论的极力推崇，立法界却显得较为慎重和滞后，我国票据法尽管在某些规则设计上彰显了票据无因性原理，但在整体上却未能对票据行为无因性予以贯彻，实乃一大遗憾。归结原因，主要在于立法者对于传统民事思维的"坚守"和"迷恋"，并未对票据法本应秉承的商法之效率价值予以考量，不能摆脱传统思维之束缚。如《票据法》第 10 条规定："票据的签发、取得和转让，应当遵循诚实信用的原则，具有真实的交易关系和债权债务关系。票据的取得，必须给付对价，即应当给付票据双方当事人认可的相对应的代价。"《支付结算办法》第 22 条规定："票据的签发、取得和转让，必须具有真实的交易关系和债权债务关系。票据的取得，必须给付对价。但因税收、继承、赠与可以依法无偿取得票据的，不受给付对价的限制。"从上述规定可知，票据行为的效力并不能摆脱诸如原因关系、资金关系等基础法律关系的影响，这与传统票据理论之构建相悖。

---

① 于莹：《论票据的无因性原则及其相对性——票据无因性原则"射程距离"之思考》，《吉林大学学报》2003 年第 4 期，第 102—107 页。

第二节　票据行为二阶段说新构

诚如前所述，票据行为二阶段说相较其他票据理论优势明显，诸如可以在理论上明确地说明票据各基本制度的相互关系，且不依赖于权利外观理论，即可导出对票据债务发生要件的妥当的结论，通过将票据行为区分为债务负担行为和票据权利移转行为两个阶段即可清楚地说明票据抗辩的分类等。① 尽管如此，票据行为二阶段说并非无懈可击、完美无瑕，同样也存在着理论盲区与瑕疵。鉴于此，本节拟通过系统梳理票据行为二阶段说的诸种观点、厘清票据行为二阶段说问题症结所在，重构、完善票据行为二阶段说之理论构造。

一　票据行为二阶段说观点释析

前田庸教授基本上与铃木竹雄教授从同样的二阶段行为说的立场出发，将票据行为定义为，"承担票据债务，以其成立的权利与票据结合为目的的票据债务承担行为，与以转移票据上的权利为目的的票据权利转移行为构成的法律行为"。即"票据债务承担行为，是以票据行为的成立为前提的，这不仅以承担票据债务为目的，还要以对应其债务的权利与书面相结合为目的，据此，作为有价证券的票据就成立了。……与此相对的，票据权利转移行为，是通过票据的交付而成立的，是以结合在票据上的权

----

① 参见 ［日］庄子良男《手形抗弁論》，信山社 1998 年，第 473 页。

利的转移为目的的行为。"① 前田庸教授的观点是这种票据行为
二阶段式的构成论，即将票据行为看成由票据债务负担行为与票
据权利转移行为两个阶段组成的复合式行为，并明确了在每个阶
段中，票据上的各种制度及理论的关联，通过这些解决"票据
的全体的考察或一个个制度的研究"。根据前田庸教授的二阶段
构成论，票据债务负担行为是无因的，票据权利移转行为是有因
的。民法的意思表示规定，对于前者无法适用，对于后者可直接
适用。

根据前田庸教授的二阶段行为说，出票及背书，可按上述
解释为是由票据债务承担行为与票据权利转移行为所组成的，
但是对于承兑和票据担保，前田庸教授表示，"只能说承兑人、
担保人与持票人之间不存在票据权利转移行为。票据担保及承
兑在其行为的性质上，与出票或背书不同，是仅通过票据债务
承担行为而成立的行为。"② 因此，承兑与票据担保仅通过票据
债务承担行为而成立，对于这两种票据行为，不存在票据权利
转移行为。

在票据承兑和担保行为中，前田庸教授否定了票据权利转移
行为的存在，并以票据承兑为例进行如下的说明。前田庸教授认
为，如果承认票据承兑存在权利移转行为，就会产生一些难以说
明和解释的问题③：

其一，出票人 A 以 B 为收款人开出票据，B 将此票据向付

---

① ［日］前田庸：《手形法・小切手法》，有斐阁 2005 年，第 32 页。
② 同上书，第 35 页。
③ 参见 ［日］前田庸《手形法・小切手法》，有斐阁 2005 年，第 375—
376 页。

款人甲提示承兑，甲作出承兑，但还没有将票据返还给 B，此时，如何解释三者间的法律关系就成了问题。在这种情况下，B虽然向甲交付了票据，但绝不是将对于 A 的权利转移给了甲，即使甲持有票据，对于 A 的权利依然是 B 所拥有的，这一点毋庸置疑。如果在上述场合中承认票据权利转移行为的存在，甲在将票据返还给 B 之前，保留对于承兑人的权利，那么，对于 A 的权利为 B 所有，对于甲的权利为甲自身所有。这就导致了票据上权利的分属，这是《票据法》所不允许的。况且，如果甲拥有对于自身的权利，就拥有是否向 B 返还票据的自由，这也是不符合票据法理的。

其二，假设 A 以 B 为收款人开出票据，A、B 间的出票及票据外的法律关系上没有任何瑕疵，B 享有对 A 请求票据金的权利。B 向付款人甲提示承兑票据，甲被 B 所骗而承兑了票据（例如，甲本来是想承兑别的票据，却因 B 的欺诈而对 B 所提示的票据进行了承兑）后，将此票据交付给 B 时，甲与 B 之间法律关系如何？在这种情况下，对于骗了甲并让其作出承兑的 B，甲可以追究其作为承兑人的责任，这样解释显然不当。那么，这个结果应该用什么样的理论构成来推断呢？前田庸教授认为，"在这种情况下，如果认为甲、B 之间存在票据权利移转行为，就会有为了拒绝 B 对甲的请求的说明，在这种构成中，甲对于 B 的票据权利移转行为存在瑕疵。可是，根据这种理论，甲对于 B 可以请求返还票据，因此，结果是 B 对于 A 的权利行使就不被承认了，这种结果是不合理的。这是因为，根据 B 对甲的欺诈，来否定 B 对 A 的权利行使，这种解释是说不通的。因此，应该解释为 B 为了对 A 行使权利，可以保持持有票据的状态，甲对于 B 的票据返还请求应该不予承认。在上述情况中，如果不承认甲对 B 的票据返还请求，那么，甲与 B 之间的票据权利转移行为及其瑕疵就不应该被当作问题，且甲可以拒绝骗了自己并让自己承兑的 B 的票据金请求，这应该基于狭义的人的抗辩来考虑。"①

前田庸教授根据以上两个理由，得出了票据承兑中不存在票据权利转移行为的结论，然后作了如下说明："根据以上的理由，在票据承兑中应该否定票据权利转移行为的存在，这样的话，在上述两个例子中的任何一种情况下，B 都是票据上的权利人。并且，因甲在票据上签名（即使在被 B 欺骗而签名的上述第二种情况下），票据债务承担行为对于甲来说是成立的。可以对于甲行使的权利与票据相结合，归当时票据上的权利人 B 所有。依据如上解释，在上述第一种情况下，就可以避免产生对于 A 的权利归属于 B、对于甲的权利归属于甲自身的这种权利分属情形了。在第二种情况下，甲对于 B 的权利行使请求，可以根据狭义的人的抗辩予以拒绝。这是因为，在这种情况下，甲的票据债务承担行为成立，所以不是物的抗辩，而且甲、B 之间的票据权利转移行为的瑕疵，也因为其间的票据权利转移行为不被承认，所以也不是无权利的抗辩，因此，作为基于票据外法律关系的抗辩，应属于狭义的人的抗辩。因此，对于从 B 处受让票据的 C 来说，适用人的抗辩切断制度。"②

前田庸教授接着上面的论证又提出了第三点理由来进一步阐

① ［日］前田庸：《手形法·小切手法》，有斐阁 2005 年，第 374—375 页。
② 同上书，第 375—376 页。

明其观点:"对于意在承兑的提示,即使仅作为票据的占有人也可以实施,这一点,可以作为否定承兑中发生票据权利转移行为的另一个根据。例如,盗取人 B 盗取了来自于持票人 A 处的票据,B 向付款人甲提示承兑该票据,付款人甲予以承兑并将票据返还给了 B。在这样的情况下,不应该将 B 解释为承兑关系上的权利人,而应认为 A 取得对于甲的权利,因此,应该解释为 A 对于 B 可以请求票据的返还,对于甲可以行使票据权利,如此,就应该认为甲与 B 之间没有发生票据权利转移行为。"①

如上所述,前田庸教授是否定承兑中票据权利转移行为存在的。可是,他也承认在例外情形下承兑中存在票据权利转移行为的场合。即"假设在没有任何票据签名的票据用纸上,承兑人签名的情况下,在承兑人没有将票据交付给第三人之前,此票据就被盗取了,在盗取人持有该票据的时候,票据承兑人有必要要求其返还票据,因此,有必要将承兑人看成自己的权利人。换言之,在票据上另外存在权利人的时候,如同上面所述,对于承兑人的权利归属于那个权利人。当票据上不存在其他的权利人,只有承兑人的签名时,承兑人自身是权利人。若其后在票据上存在了另外的权利人,对于承兑人的权利则归属于该权利人,(而且在票据担保的情况下,对于担保人的权利归属于作为被担保人的后手的权利人)。"②

二　票据行为二阶段说观点质疑

以上阐述了二阶段创造说的一般理论,即对于承兑及票据担

---

① ［日］前田庸:《手形法·小切手法》,有斐阁 2005 年,第 376 页。
② 同上书,第 376—377 页。

保行为否定票据权利移转行为的存在。可是，该理论存在以下疑问：

其一，依前田庸教授的观点，基于欺诈而实施票据行为的情况下，票据抗辩的性质依票据行为的种类不同而相异。即在出票及背书的情况下，在票据债务承担行为中不适用民法的意思表示的规定，而在票据权利转移行为中则直接适用。相应地，关于票据行为欺诈的抗辩，构成主张权利转移行为瑕疵的无权利抗辩。[①] 在承兑与票据担保的情况下，因仅存在票据债务承担行为，没有票据权利转移行为，因此，欺诈的抗辩不能成为主张票据权利转移行为瑕疵的无权利抗辩，而构成狭义的人的抗辩。[②] 即对于承兑及票据担保而实施的欺诈，是针对票据债务承担行为而实施的，票据债务承担行为的意思表示需要认识或应该认识到是票据而签名，这样票据债务承担行为就成立了，所以不是物的抗辩，且因为票据权利转移行为不存在，因而也不是无权利抗辩，因此，应该属于基于票据外的法律关系的狭义的人的抗辩。[③] 综上，对于欺诈的抗辩，在出票及背书的情况下是无权利抗辩，在承兑及票据担保的情况下是狭义的人的抗辩。以上所述，不仅限于欺诈的抗辩的场合，在主张意思表示瑕疵的全部场合中同样可以应用。

与此同样的问题，前田庸教授没有论及，在承兑中（票据担保也是同样的）也可以发生。即在前田庸教授的立场上，承兑中不存在票据权利转移行为的一般情况下，承兑的意思表示的

----

① ［日］前田庸：《手形法·小切手法》，有斐阁2005年，第62页。
② 同上书，第375—376页。
③ 同上书，第376页。

瑕疵的抗辩是狭义的人的抗辩；而在承兑中存在票据权利转移行为的例外情况下①，承兑的意思表示的瑕疵的抗辩是无权利的抗辩。这样，承兑的意思表示瑕疵的抗辩，在某些情况下被解释为狭义的人的抗辩，在某些情况下又被解释为无权利的抗辩。同样的票据行为出现了不一致的票据抗辩解释。

如上所述，同样的抗辩事由根据票据行为的种类，或者同样的抗辩事由在同一票据行为内部，被作为各自拥有不同性质和后果的抗辩来处理和对待，这是不合逻辑的，这样的理论解释也是行不通的。之所以不得已产生这样一种不一贯的解释，在于其否定承兑及票据担保中票据权利转移行为的存在。如果认为承兑和票据担保中存在票据权利转移行为，在承兑及票据担保实施欺诈的情况下，由欺诈引起的抗辩的消灭，当然构成主张票据权利转移行为无效的无权利抗辩，这样的话，在票据抗辩的性质上就不会发生上述不一贯解释的情况。因此，为了在不同的票据行为中及同种票据行为的内部统一适用同一种票据抗辩种类，应该在所有票据行为中一体贯彻二阶段式构成理论。这是从票据抗辩理论方面对于票据理论提出的要求。

其二，在前田庸教授提出的第三个问题中，按照他的理论立场，付款人甲基于盗取人 B 的承兑提示而签了名，那么就在票据权利人 A 不知道的期间，A 就取得了对甲的票据上的权利。像这样 A 取得了甲的权利，对于 A 的利益来说没什么损失，所以即使不是基于 A 的意思，而发生 A 取得权利的情况也没关系。与此相反，如果甲在返还票据前将自己的承兑签名涂销，那么在

---

① ［日］前田庸：《手形法·小切手法》，有斐阁 2005 年，第 376—377 页。

A 不知道的期间，A 暂且取得的票据权利就消灭了。这样本应取得票据权利的 A 在自身不知不觉期间一会儿取得票据权利，一会儿又丧失票据权利，这种理论解释显然是不妥当的。在承兑提示人是票据权利人的情况下也会发生同样的情况。如果在承兑人签名后返还票据前涂销承兑签名时，根据前田庸教授的理论，提示人不需票据权利转移行为而与付款人的签名同时取得承兑人的票据权利，即使与提示人的意思相反，或者提示人不知道已经取得了对承兑人的票据权利，也是当然地失去。票据返还前的承兑人的票据权利，是与持票人的意思无关的，什么时候都可以被剥夺的权利，对于持票人来讲也不意味着他取得了权利。因此，与票据债务的承担相同，票据权利的取得也应该解释为是基于当事人的意思而产生的，票据行为的理论构成也必须与这种实质相符。这表明，对于承兑人的票据的转移也存在票据权利转移行为。

其三，针对前田庸教授的第二个问题，应该解释为持票人 B 欺骗了承兑人甲并让甲进行了承兑签名，在这样的情况下，B 为了对 A 行使权利，可以保持持有票据的状态，所以不应承认甲对 B 的票据返还请求权[①]，且在第三个问题中，在承兑人甲向盗取人 B 交付票据时，甲的权利被票据权利人 A 取得，为了行使该权利，必须承认 A 对于 B 的票据返还请求权，所以在这个情况下也不承认甲对于 B 的票据返还请求权。可是承兑人对于欺骗了自己且让自己承兑签名的 B，不能请求已经签名的票据的返还，这有违正义原则。承兑人在返还已承兑的票据之前将承兑签

---

① ［日］前田庸：《手形法・小切手法》，有斐阁 2005 年，第 375 页。

名涂销的时候相当于拒绝承兑，这意味着直到返还被有效实施之前都可以涂销承兑，这样的话，就有了以返还本身的有效、无效为问题的余地。在返还无效时，为了涂销承兑，应该承认甲对于B的票据返还请求权。总之，在上述的任何情况下，都应该承认甲对于B的票据返还请求权。另外，与此相类似，票据权利人B从承兑人甲手中盗取已经承兑的票据的情况下，依前田庸教授的理论，推测甲的权利直接归属于票据权利人A，为了承认A对B的票据返还请求权，所以不承认甲对于B的票据返还请求权，但是这个结论又存在疑问，应与上述情况作出相同解释。

根据以上情况，前田庸教授推导出承兑人甲对于欺诈人或盗取人B不存在票据返还请求权，同时，否定承兑中票据权利转移行为存在的决定性理由，是不应承认"相互间不能两立的权利的并存"或是认为不应承认从中导出的"票据上的权利的对人的分属"的一般原则。① 可是即使承认甲对于B的票据返还请求权，当甲的返还请求权在与票据权利人A的返还请求权矛盾时，A对于B的返还请求权优先于甲对于B的返还请求权，这样就不存在两个权利并存的问题，以此为根据否定承兑中存在票据权利转移行为的理由是不充分的。

三　票据行为二阶段说范围重构

如前田庸教授所言，票据行为是由票据债务承担行为与票据权利转移行为这两个阶段的各自独立的法律行为组成的复合式行为。以汇票的出票为例，第一阶段，出票人意识到或者应该认识

---

① ［日］前田庸：《手形法·小切手法》，有斐阁2005年，第210页。

到是票据而在票据上签名，因此，出票的票据债务承担行为成立，出票人的票据债务成立的同时，与其对应的票据权利成立并被表示在票据上。这种情况，出票人的最初的权利人是出票人自身。这个权利，根据第二阶段的连接在出票人与受让人之间的票据授受的交付契约被转让给受让人。这个票据权利转移行为，伴随着票据授受的实物契约，可直接适用民法意思表示的规定。出票人在票据上签名后还没有将其交付给收款人之前，该票据因盗窃或丢失等不基于出票人的意思等而流通的情况下，善意的票据取得人可以根据善意取得制度取得该票据。这对于背书也是同样的。

前田庸教授的以上观点具有合理性，但是，庄子良男认为，在汇票的承兑及票据担保的场合下也应该和出票及背书行为一样适用二阶段说。[①] 以下以承兑为例进行说明。首先，付款人如果在票据上签名，付款人即承兑人的票据债务成立，承兑人自身成为对于自己的最初权利人，这是承兑的票据债务承担行为。承兑的票据债务承担行为不要求提示承兑的人必须是票据的正当持有人，即使提示承兑的人是票据的盗取人或其他无权利人也成立。其次，对于承兑人的权利，通过票据授受的交付契约而转移给持票人，这是承兑的票据权利转移行为。可是这个票据权利转移行为，应该解释为是票据权利人即持票人所特定的交付契约。因此，承兑人将已经承兑的汇票根据交付契约向提示票据的票据权利人或其代理人交付，就是将其对于自己的票据权利转移给票据权利人。提示人是票据的合法持有人的情况当然不用说了，提示

---

① ［日］庄子良男：《手形抗弁論》，信山社 1998 年，第 329 页。

人是其代理人的情况也可以。通过这些正当的对提示人的票据的交付，承兑人的权利就归属于持票人即票据权利人了。即使有了提示承兑，原有的票据权利也不向付款人转移，而为票据权利人所保留，承兑人的票据权利转移行为是仅转移承兑人自身的权利。

如作此理解，前田庸教授举出的第一个问题，即票据保留在实施了承兑签名的承兑人手中的情况的法律关系，承兑人是对于承兑人自身的票据权利人，持票人是对于出票人和其他前手的票据上的权利人，所以对于承兑人甲的权利归属于甲，对于 A 的权利归属于 B，这样确实产生了票据上的权利分属状态。可是承兑人甲的票据权利转移行为的对方被特定为持票人 B，承兑人的自己的票据权利应该转移给持票人，因此，承兑人甲不能以拥有对自己的票据权利为理由而拒绝对持票人 B 返还票据。承兑人享有的权利只是可以在返还票据前将承兑签名涂销而免除其票据债务，而不是可以拒绝已经承兑的票据的返还。如果做此考虑，这种情况下确实产生了票据权利的对人的分属状态，但却不存在处于相互无法两立的关系下的权利的并存。因此，基于"相互无法两立的权利的并存"原则，导出"票据上的权利的对人的分属"的一般原则，在这种场合下是无法成立的。而且，这种票据权利的对人的分属的状态本身，会随着承兑人向持票人返还票据而立即解除。此外，根据以上解释的结果，对于前田庸教授举出的第二个问题，即对于票据的正当持有人欺骗了承兑人并让其实施承兑签名的情况，对于持票人的请求，承兑人应该根据取消承兑的票据权利转移行为的意思表示，对持票人主张无权利抗辩。对于该持票人的善意受让人可以根据善意取得制度取得对于承兑人的权利。因此，前田庸教授所主张的这种情况下适用狭义的人的抗辩，是不能成立的。

以上是承兑人的票据债务承担行为与票据权利转移行为在正常情况下的理论构成。对于已经承兑了的票据的返还的异常过程，以上的观点依然适用。具体分以下三种情况：其一，票据在承兑人签名后交付前被第三人盗取或丢失的情况；其二，承兑人是无权利人的情况；其三，承兑人没有将票据返还给持票人，而是将其转让给第三人的情况。以下按顺序来分别进行研究。

在第一种情况下，在承兑人签名后将票据返还持票人之前，因失窃或丢失而失去票据时，有效承兑的票据权利转移行为没有被实施，因此，票据上的权利不转移。可是承兑人的票据债务已经成立，与此对应的票据权利也已被表彰在票据上了，所以善意的票据受让人可以善意取得对于承兑人及其他票据签名人的票据权利。如果第三人的善意取得成立，此时票据权利人对于汇票出票人及其他前手的票据权利丧失，承兑人也丧失对于自己的票据权利。

但是，在上述情况中善意取得尚未成立时，承兑人依然是对于自身的权利人，对于盗取人、拾得人或从这些人处恶意取得票据的人，可以请求已经承兑的票据返还。承兑人通过取回票据并将票据交付给持票人即票据权利人，就把对于承兑人的权利转移给了持票人。此外，实施了承兑提示的正当持票人作为（对于承兑人以外的签名人）票据权利人，可以对于盗取人及其他无权利人请求返还票据。当持票人是汇票出票人的情况也是同样的。这样，对于盗取人等无权利人，作为票据权利人的持有人与承兑人的票据返还请求权就互相冲突了。在这种情况下，应该解释为承兑人的权利总是劣后于作为票据权利人的持票人的权利。这是因为在承兑人和持票人之间，票据最终是要返还给持有人的。且承兑人向盗取人等请求票据的返还，目的也是为了要将票据取回而返还给持票人。作为无权利人的票据占有人，对于持票人或承兑人中无论哪一个的票据返还请求都必须接受。当两者相冲突的时候，必须将票据返还给持票人。如此解释，前田庸教授所顾虑的"无法两立的权利并存"这种事态就不存在了。

需注意的是，在作为权利人的持票人从盗取人等无权利人处取回已经承兑的票据的场合下，对于承兑人的票据权利并不当然地向持票人转移。这是因为在承兑人和持票人之间，没有实施"票据的返还"，即有效的票据权利转移行为，所以对于承兑人的票据权利还依然保留在承兑人手中。因此，为了让持票人取得对于承兑人的票据权利，就必须重新实施承兑的票据权利转移行为。不过在这种情况下，持票人已经占有了票据，因此，承兑的票据权利转移行为，只要合乎承兑人与持票人之间的票据权利转移的意思表示就足够了①。可是在承兑人不同意对于自己的权利的转移时，对于承兑人的票据权利不向持票人转移②。承兑人如果为了涂销自己的承兑签名，可以向持票人要求票据的交付。这是因为承兑人所做的票据的返还还没有被实施，所以承兑人可以将自己的签名涂销并撤回承兑。在这种情况下，如果持票人没有

---

① 承兑的票据权利转移行为的意思表示可以是明示的也可以是默示的。如果承兑人对于持票人付款请求无异议并支付票据金的话，就视为承兑的票据权利转移行为默示地存在，其支付有效。

② 在承兑的票据权利转移行为还没有实施时，当持票人向承兑人要求支付票据金的时候，承兑人以无权利抗辩拒绝支付。

将票据交付给承兑人，而是转让给第三人，第三人虽然可以根据善意取得、正当地取得持票人拥有的票据权利，但却不能取得对于承兑人的权利。

在第二种情况下，提示人作为偷盗人或拾取人，即无权利人时，即前田庸教授导出否定承兑中票据权利转移行为存在的结论的设例举出的第三个问题的情况下，不管承兑人是否知道这个情况，将已经承兑的票据返还给提示人的交付契约理所当然是无效的。因此，即使票据被交付给了无权利人，承兑人的票据权利也不转移，而是保留在承兑人自身上。因此，承兑人可以对这个无权利的票据占有人请求票据的返还。另外，遭受失窃或丢失的票据的真权利人，也理所当然地可以向无权利的票据占有人请求返还已经承兑的票据。因此，这个无权利的票据占有人，基于任何人的请求都必须返还票据，但在来自于真的票据权利人的请求与来自承兑人的请求相互冲突时，应该向真的票据权利人返还票据。即在真的票据权利人与承兑人之间，真的权利人的票据返还请求权应该优先视之。这是因为如果承兑人本应将票据交付给正当的票据权利人，却交付给无权利人了，所以相对于正当的票据权利人的票据返还请求应该劣后。此时，承兑人与真正的票据权利人之间不存在无法两立的并存权利。

可是如此一来，即使是真的票据权利人的持票人从无权利人的手中收回附有承兑人签名的票据，也不能当然地取得承兑人的权利。即这个票据权利人与承兑人之间没有有效的票据权利转移行为的交付契约，所以承兑人的票据权利依然保持为承兑人的。因此，持票人为了取得承兑人的票据权利，有必要重新实施承兑的票据权利转移行为的交付契约，即"票据的返还"。只是票据已经在作为票据权利人的持票人手里了，所以这个交付契约只因意思表示就足够了。可是只要这个意思表示没有被实施，持票人对于承兑人来说就是无权利人。因为尚在"票据的返还"之前，所以，承兑人可以通过涂销签名而撤回承兑的意思表示。因此，承兑人对于作为票据权利人的持票人可以要求票据的返还。可是如果持票人无视承兑人涂销承兑的请求，拒不返还票据，而是将票据对第三人背书转让，在承兑人的票据权利转让限度内当然无效，但第三人可以根据票据善意取得制度取得承兑人的票据权利。这是因为承兑人的票据权利已经通过签名而成立，并被表示在票据上了。

在上述第三种票据返还异常情况下，即承兑人在票据上签了名，但却没有将票据返还给实施了承兑提示的合法持有人，而是将这个票据转让给了第三人。在这种情况下，承兑人不享有承兑人自身票据上的权利以外的票据权利，即使是承兑人自身的票据权利的转让，其交付契约也是当然无效的。这是因为承兑人的票据权利移转行为，是对方特定的交付契约。票据权利人当然可以要求第三人返还票据。实施这种无效的交付的承兑人，自身也可以要求这个第三人返还票据。在票据承兑人和票据权利人的票据返还请求权互相对立的时候，与上述的理由相同，票据权利人享有优先权。在这种情况下，即使是票据权利人收回承兑人签名的票据，也不能当然取得对承兑人的权利，其原因同上述第二种情况一样。为此，在承兑人和票据权利人之间有必要重新实施"票据的返还"。而且，上述第三人在取得票据时，在转让行为的无效是没有恶意、重大过失的情况下，可以根据《票据法》善意取得制度取得对于承兑人的权利在内的所有票据上的权利。

在这种情况下，第三人无论对于谁都没有返还票据的义务。

如果按照以上解释，承认承兑中存在票据权利移转行为，可以解决围绕承兑的全部法律关系。所以，在任何一种情况下，都不应该否定承兑中存在票据权利移转行为。承兑中的票据权利移转行为的性质是一种移转对象特定的交付契约，这一点不同于出票及背书情况下权利移转行为对象的任意性，这一点很有特色。在票据担保的情况下也是如此。

此外，因隐藏担保而签名的背书人等，不是票据权利人的人通过在票据上签名而承担票据债务的，同样是由两阶段组成的复合式法律行为：一是以通过签名而承担票据债务为内容的票据债务负担行为；二是以成立票据债务的票据权利通过交付契约转移给票据权利人为内容的（对方是特定的）票据权利移转行为。这个场合下向特定的对方以外的第三人交付票据的情况下，交付契约当然无效，但是善意的第三人可以善意取得票据上的权利等，与承兑的情况相同。

前田庸教授认为承兑的场合不应承认票据权利的分属，并在与票据行为独立原则的关系上屡屡举出以下设例："A 以 B 为受领人开出期票，C 从 B 处盗取该票据并伪造了从 B 到 C 的背书，并在此基础上向 D 背书转让了该票据，在 D 对于 C 是无权利人这一事情是出于恶意或是重大过失而取得该票据的情况下，D 是否取得对于 C 的票据上的权利呢"？从这一事例中推论出了不应该承认票据上权利的对人的分属的一般理论。且这个理论被作为否定票据承兑中票据权利转移行为存在的理论性根据。因此，为了反对上述的一般理论，仅研究承兑的情况是不够的，必须从正面来研究相关于票据行为独立原则的上述设例的解决与理论构成。

　　前田庸教授在《关于票据上的权利的分属》中详细论述了这个问题。前田庸教授认为，首先，关于票据债务承担行为问题的票据行为独立的原则，与票据取得人的善意、恶意无关。在此基础上，成立的 C 的"对应于票据债务的权利归属于谁，是与票据行为独立的原则无关的票据权利转移行为的问题，因为 D 不满足善意取得的要件，所以没有取得票据上的权利的理由，因此，对于 C 的权利也没有理由归属于 D。"① 其次，认为"票据是有价证券，票据上的权利已与其结合了，所以票据上的权利在没有票据时就无法行使。因此，在前述例子中，如果承认票据上的权利对人的分属，则：①D 为了行使归属于自己的对于 C 的票据上的权利，必须保障自己保有该票据的权利；②B 行使属于自己的对于 A 的权利，或者为了将自己拥有的票据上的权利转让给他人，就必须保障自己对于 D 的票据返还请求权。这两个权利是无法并存的。而且，因为 D 是因恶意、重大过失而取得的票据，所以根据票据法的规定，因为承认上述②的权利，所以不得不否定与之无法并存的①的权利"②。前田庸教授认为，"如果采取了承认 D 对于 C 的票据金请求的立场，就会产生承认 B 对 D 的票据返还请求权与 D 对 C 的票据金请求权这两个相互无法两立的权利并存的不妥结果。"③ "如前所述，票据行为独立原则不论 D 是善意或恶意皆被适用，这最多只适用于 C 票据债务的

────────────

　　① 　前田庸：《关于票据上的权利的分属》，江头宪治郎编，《八十年代商法的诸相——鸿常夫先生花甲纪念》，有斐阁 1931 年，第 606—607 页。

　　② 　同上书，第 607 页。

　　③ 　同上。

承担行为。对于谁取得对应成立的债务权利并将此债务权利转移，与票据行为独立原则无关，只有取得票据上的权利的人才可以取得并行使。表彰在同一有价证券上的复数权利，即对于 A 的权利与对于 C 的权利，因其表彰在同一有价证券上，所以不能分散开来转移，只能决定是否被总括起来转移。即对于 A 的权利属于 B，对于 C 的权利属于 D，票据上的权利以这样的形式分属是不被允许的。""因此应该解释为 D 对于 C 的权利行使不被承认"①。

前田庸教授认为，票据行为独立原则与持票人主观上的善恶无关，在上述的设例中，即使 D 是恶意的票据取得人，也承认 C 的票据债务的成立②，并且认为不应该承认 D 对于 C 的票据权利的行使。这是正确的。可是，对于 C 在票据上签名的同时，B 取得对于 C 的权利的理论构成，即对于否定应接着 C 的签名而实施的 C 的票据权利转移行为的存在的理论构成不太合理。为了导出上述正当的结论而必须采取这样的理论构成的必要性，如下所述是不存在的。

如果将上述前田庸教授的设例适用于庄子良男的二阶段行为理论，就是如下的结果：盗取人 C 背书签名后，C 的票据债务就成立了，且 C 自身成了对于自己的最初的权利人。可是，当票据在 C 手里的情况下，票据权利人 B 可以要求 C 返还票据，C 不能以自己是拥有对于自己的票据权利的人为理由拒绝返还票据。不是票据权利人的 C，对于自身的票据上的权利，进行的票

---

① 前田庸：《关于票据上的权利的分属》，江头宪治郎编，《八十年代商法的诸相——鸿常夫先生花甲纪念》，有斐阁 1931 年，第 210—211 页。

② ［日］庄子良男：《手形抗弁論》，信山社 1998 年，第 338 页。

据权利转移行为的对方被限定是票据权利人 B，以 B 之外的人为
对方的票据权利转移行为当然是无效的。因此，即使从无权利人
C 处的恶意取得人 D 与 C 之间存在值得保护的有效原因关系，
也不能通过 C 的票据权利转移行为来取得对于 C 的票据权利。
因为票据权利转移行为无效，所以对于 C 的票据权利仍然保留
在 C 自身。因此，D 对于 C，在票据上也是无权利人。① 因为 C
向不应交付的 D 交付了，所以对于 D 可以请求票据的返还。另
外，票据权利人 B，可以对 D 请求返还票据。这样对于 D，B 和
C 都拥有票据返还请求权，票据上的权利产生了对人的分属，在
B 的票据返还请求权与 C 的票据返还请求权并存时，D 应向 B 返
还票据。这是因为本来作为票据盗取人的 C 也必须向作为票据
权利人的 B 返还票据，所以认为 B 的票据返还请求权理所当然
应优先于 C 的票据返还请求权。

　　如上所述，在 B 从 D 处取回票据时，对应 C 的票据债务的
票据权利归属于谁呢？因为 B、C 间不存在票据权利转移的交付
契约，所以对于 C 的权利依然归属于 C，B 不能取得对于 C 的票
据权利。如果重新实施 B、C 间的票据权利转移的交付契约（票
据已经在 B 的手上了，所以仅凭交付契约的意思表示就足够
了），那么对于 C 的票据权利就归属于 B。可是，因为 C 是 B 的
后手，所以 B 对于 C 行使票据权利是不可能的，如果有 B、C 间
的交付合同，因为 B 成为了 C 的票据权利人，所以可以对任意
的第三人转让包括对于 C 的权利在内的票据权利。在上述情况

----

　　① D 对于 C 是无权利人一事是善意的而没有重大过失的情况下，因为满足了善
意取得的要件，所以可以取得表彰在票据上的对于 A 以及 C 的票据权利，所以，C
当然没有对于 D 的票据返还请求权。

中，B、C 间没有实施交付契约时，只能说对于 C 的权利依然保留在 C 处。可是如果 B 将此票据原封不动地背书转让给了第三人 E，善意的第三人 E 可以取得对于 C 的票据权利。如果第三人 E 是恶意的，那当然就不能取得对于 C 的票据权利了。通过这样的解释，就可以妥当地解决以上设例的所有法律关系了。①

按以上解释，对于 A 的权利归属于 B，对于 C 的权利归属于 C 的这种票据上的权利的对人的分属的情形就产生了。但是前田庸教授所担心的不能两立的权利并存的情形却不存在。所以没有必要承认票据权利的对人的分属的一般理论，当然也无法赞成以该一般理论为前提来否定承兑及票据担保中存在票据权利转移行为的理论立场。

总之，应彻底贯彻二阶段行为说，对于承兑及票据担保，也应该与出票、背书行为同样地由票据债务承担行为和票据权利转移行为构成。另外，以承兑及票据担保为目的而实施背书签名等一般票据行为时，不是票据权利人实施的继票据债务承担行为之后的票据权利转移行为，无论何时，交付契约都要以票据权利人为交付对象，与此特定的对方之外的票据权利转移的交付契约当然无效，只是应该解释为第三人可以善意取得该票据权利。根据这样的解释，以票据行为欺诈的抗辩为首的意思表示瑕疵的抗辩，已经可以对全部的票据行为主张票据权利转移行为瑕疵的无权利抗辩。在铃木竹雄教授和前田庸教授为首的二阶段票据行为说的立场上，将以欺诈的抗辩为首的意思表示瑕疵的抗辩的性质，在出票和背书的情况下解释为无权利抗辩，在承兑和票据担保的情况下解释为狭义的人的

① ［日］庄子良男：《手形抗弁論》，信山社 1998 年，第 340 页。

抗辩，这种同一行为票据抗辩种类却不一致的难题，通过以上二阶段说的再构成可以被克服。

第三节　票据理论与票据行为无因性的关联

毋庸置疑，作为票据法的基本原则和灵魂的票据行为无因性，其法律内涵、效力界域无不与票据理论具有诸多关联。所以，如欲明晰票据行为无因性的内涵、票据行为无因性之效力边界、票据行为无因性之例外，首先要界清票据行为无因性与票据理论的关联。

一　票据理论对票据行为无因性的影响

票据理论依票据行为是否分为两个行为可归纳为票据行为一元论与二元论。二阶段创造说为二元论，其他票据理论称为一元论。票据理论对于票据行为无因性具有重要的影响。下面依据一元论和二元论的不同影响分别阐述。

（一）票据行为一元论对票据行为无因性的影响

仅以交付契约说为例。交付契约说是指，在 A 对 B 开出汇票的情况下，表彰在票据上的债权，是基于 A、B 间的交付合同而成立的 B 对 A 的债权。所以，理论上，票据原因关系上的 B 对 A 的金钱债权是 A、B 两人的合同债权在票据上的表彰。这与二阶段创造说根本不同。因此，也可以这样解释，为了使票据债权能够有效地体现在票据上，原因关系上的债权就必须有效成立。与此相对，如果说 A、B 两个当事人间的债权债务是根据交付合同成立的，而与基于原因关系的债权债务无关，那么，基于原因关系成立的债权，对票据上的债权就没有影响了（即无因性）。票据上的债权和原因关系上的债权是不同的债权。如果这样，如何消除原因关系对于确定票据债权内容的影响，是接下来的一个重要的问题。因为票据行为具有书面性、要式性，因此，认为票据债务的内容只由票据的文义决定。让最初对票据上的权利存在利害关系的 B 采取时效中断的措施是妥当的，因此，有因论更有说服力。

（二）票据行为二元论对票据行为无因性的影响

票据行为二元论认为，一般的汇票的票据行为是由两个阶段的行为构成的。第一阶段是单独债务承担的书面行为，第二阶段是根据上述的票据书面行为，转让票据上的债权，完成交付票据契约。那么，在二阶段创造说中究竟能不能把原因关系上的债权债务原封不动地表彰在票据上呢？

从这种意义上来说，例如股票，发行公司将已经成立的股权（股份）表彰在股票上，是公司的单独行为，像股票一样来理解票据是不可能的。按照法律、章程的规定，给予当事人一方发行权，如果把票据像股票一样规定，例如，当事人 A 和 B 缔结合同，从而形成了 B 对于 A 的债权，把这一债权以及票面上的权利给予当事人一方的债务人（汇票的出票人）。如果票据的出票人书写的票据内容和当事人的合同内容不一致怎么办？这样考虑的话，当事人一方的债务人 A，不能把原因关系上 B 对于 A 的债权单独表现于票据上。如果这样理解，把已经成立的债权在票据上表彰出来，那么对于商业票据以外的其他流通票据上的票据行为、基于其他原因关系而开出的票据上的票据行为就无法理解了。因为在其他的原因关系下，在开出票据的当事人之间，不一定存在债权债务关系。把已经成立的债权表彰在票据上的法律行为称为票据债务负担行为是不通的。而且，票据不像股票那样是证权证券，只起到股权证明作用。票据是设权证券，只有票据本身才创设了票据上的债权。

二阶段创造说认为，当事人的一方（期票的出票人）的单独行为将票据金请求权表现在票据上，例如，A 基于原因关系对于 B 负有债务，即使是基于原因关系 A 开出期票，那个票据上表现出来的债权也不是 B 对于 A 的债权。也就是说，原因关系上的债权债务，其债权人是特定的；而在票据上表现出的票据金请求权的债权人却不是特定的。根据 A 的单独票据债务负担行为的书面行为而设立的票据上的债权并不能成立 B 对 A 的债权。因此，不能以单独行为把原因关系上的债权表现在票据上，虽然不能离开意思表示而取得权利和承担义务，但是也不能这样理解。这样，二阶段创造说在票据上表现出来的债权和原因关系上的债权是不同的债权。所以，在二阶段创造说中，认为票据上的债权与原因关系债权不同，那么票据上的单独负担债务的行为，在原因关系欠缺的情况下能否有效成立，也就是说，票据行为是否具有无因性的问题。

进一步说，问题是原因关系上的债权对于确定票据上的债权内容有多大的影响。票据上的债权是根据票据债务承担行为而成立的，那么应如何解释票据债务承担行为？即票据债务负担行为中的当事人的意思表示在多大程度上受原因关系的影响？如果是票据债务承担行为的解释问题，那么，首先必须要确定票据债务负担行为的构成要件（法律行为以意思表示为要素）。如果认为票据上的意思表示只是由票据上的文义构成，那么就应仅把票据

上的文义作为票据行为的构成要件来解释。如果像民法上的意思
表示那样解释，甚至把当事人之间的具体的行为也当作票据债务
承担行为的构成要件，那么，就无法保证票据的流通。因此，票
据债务承担行为的构成要件只包括票据上的文义。因为票据行为
是书面行为、要式行为，所以如认为票据上未记载的事情也属于
票据上的意思表示，就与此相矛盾。因此，票据债务负担行为是
由票据上的文义构成的法律行为。也就是说，对于票据债务负担
行为的构成要件仅指票据上的文义。

对于票据债务负担行为的构成要件，应该只按照一般的通说
来理解。在民法中把意思表示解释成希望能达到当事人的目的。
但是，对于票据债务承担行为的解释，除了在票据的受让人不知
道当事人具体情况时，应该只按照一般通说来解释的。票据债务
的内容是根据票据的记载来决定的，在这种意义上的票据行为文
义性，正如上述关于票据债权内容的解释一样，是按照一般通说
来理解的，仅把在票据上记载的文义作为债权内容，这被称为票
据行为的文义性。票据债务负担行为仅把票据上的记载作为意思
表示，这就是票据行为的文义性。

那么，在二阶段创造说中，出票人把表彰了票据金请求权的
汇票转让给受让人。这个转让是将票据交付的交付契约。因为既
然在票据上表现出了票据金请求权，要想转让票据金请求权，就
必须交付票据。如果不交付，票据证券就与权利相分离了。那么，
转让票据的交付合同行为是否同票据债务负担行为一样属于无因
行为呢？笔者认为，完全没有必要把这种形式的票据转让行为作
为无因行为。因为即使把转让票据的交付行为按照民法的原则解
释成有因行为，票据的受让人也不会受到损害。总之，受让人如

果是善意取得人，那么即使转让行为欠缺原因关系，他也受到法律保护。如果这样的话，票据法关于票据行为无因性的规定，对于转让票据的交付合同行为就没有必要了。在特别法没有必要作出特殊规定的情况下，就应该按照民法的原则解释为有因。

二　票据行为无因性对票据理论的影响

以上阐述了票据理论对票据行为无因性的影响，同样，票据行为无因性对于票据理论也会产生影响。研究票据行为无因性的目的是为弄清票据行为究竟是一种什么样的法律行为。如果把转让票据权利行为作为广义的票据行为来考虑，那么转让票据权利行为是否应该具有无因性呢？体现在票据上的权利是票据行为产生的，对于票据债务负担行为是否具有无因性，也就是说，原因关系对于确定票据债权债务的成立与否能够带来怎样的影响，对于确定债权债务的内容又会带来怎样的影响的问题。票据债务承担行为有效地成立，如果票据上没有表彰票据债权，这个票据只是一张纸，即使善意的受让人也得不到保护。因此，为保证票据的流通，票据债务承担行为，即使欠缺原因关系，也应有效。另外，有必要使原因关系不影响到票据上的债权内容。与此相对，如果票据有效地成立，票据的转让行为根据民事法律行为的规定，即使无效、被撤销，善意受让人也会因其善意而受到保护。因此，没有必要为保护票据的流通而赋予票据权利转让行为以无因性。①

----

① ［日］河本一郎，小桥一郎等：《现代手形小切手法讲义》（第二卷），成文堂 2000 年，第 33 页。

例如，票据的转让行为按照民法的原则解释为有因性，即使票据上的债权是根据票据无因性体现在票据上的，善意的受让人也可能善意取得票据。相反，交付契约说认为，票据债务承担行为不具有无因性，而权利转移行为具有无因性。例如，如果是背书转让票据的行为，背书票据行为就具有无因性。因为在欠缺原因关系的情况下，作为权利转移行为的背书（交付合同），由于具有无因性而有效成立，也就是说，承认欠缺原因关系的当事人之间的不当得利。而且，权利转让的背书，即使由于欠缺原因关系而无效，也会基于善意取得来保护善意受让人。

三　票据行为的样态与票据行为无因性

票据债务承担行为究竟是一种什么样的票据行为，无论是依据二阶段创造说还是交付契约说，都是依据各个票据行为的样态而定。例如，背书是否是票据债务承担行为？即如果背书人的担保责任不是基于背书人的票据行为，而是根据法律规定，那么就没有必要承认背书的无因性；如果背书只是权利移转行为，在欠缺原因关系的当事人之间，没有必要承认背书有效成立（在当事人之间产生了不当得利）。而且，即使不承认背书的无因性，受让人根据票据的善意取得也会受到保护。并且背书人的担保责任不是法律行为的后果，如果认为背书人的担保责任是基于法律规定，即使规定背书人的担保责任的内容是基于票据的文义，从保护善意受让人的角度出发，也要承认法律的规定，背书的担保责任至少不是基于票据行为的无因性。与此相反，如果认为背书人的票据责任是基于背书人的票据债务承担行为，背书行为应与出票行为一样，被视为具有无因性。

　　如何解释票据行为的含义，对理论上解释票据行为的无因性有一定的影响。作为债务承担行为的票据行为无因性与票据行为文义性区别在于：票据行为的成立与否是否与原因关系的欠缺无关，讨论的是票据行为无因性问题；原因关系的内容对于确定票据债务的内容是否有影响，讨论的是票据行为文义性问题。①

---

　　①　［日］河本一郎，小桥一郎等：《现代手形小切手法講義》（第二卷），成文堂 2000 年，第 34 页。

第二章 票据行为二阶段说之下的无因性内涵解析

尽管对于票据无因性理论的正当性学界罕有质疑之音，但对于票据行为无因性的内涵，票据法学者的理解有所不同。有的学者将票据行为无因性区分为绝对无因性和相对无因性，有的学者将票据行为无因性界分为内在无因性和外在无因性，并在此基础上探讨票据法中的无因性应该采取哪一种票据行为无因性。归纳起来，票据行为无因性的用法大致有以下四点：（1）作为对票据行为中票据的权利定性的无因票据行为，是无因的票据债权的表现（这是以票据关系与原因关系的分离、独立性、无因的效果以及抗辩限制的原则为前提的）；（2）原因关系、原因债权与票据关系、票据质权的分离性作为个别独立性的无因性；（3）根据抗辩限制原则，作为第三取得人取得的票据上的权利的性质的无因性；（4）在直接当事人之间，把原因关系的无效等瑕疵作为抗辩权来处理的意义的无因性，也就是票据关系与原因关系的分离性、独立性与抗辩权的对抗。

从学界著述可以窥知，国内学者对票据无因性的研究尚停留在出票人抗辩切断和前手抗辩切断上，而对于近年来在国外票据法实践中已出现的一些新型票据案例，如前手抗辩和二重无权抗辩问题，尚缺乏前瞻性的研究。二阶段创造说把票据行为分为债务负担行为和权利转让行为两个阶段，分别研究不同阶段的票据行为的性质。票据债务负担行为具有与一般法律行为不同的特性，属无因行为；与此相反，票据权利转移行为直接适用有关一般的意思表示或契约的规定，属有因行为。票据债务负担行为无因性更好地说明了人的抗辩切断的后果。而权利移转行为的有因性，即票据权利转移行为是依据原因关系的消灭不存在等受影响的有因行为，能更好地解释后手抗辩和二重无权抗辩情形的处理结论的妥当性。因此，票据行为无因性的内涵因票据理论的发展而更丰富，建立在二阶段创造说基础上票据行为无因性的内涵更具有先进性，对新的票据问题更具有解释力。

第一节　传统视域下的票据行为无因性内涵

从票据行为一元论出发，通说认为票据行为具有无因性，即便如此，不同观点的讨论也一直在继续，主要存在着无因构成和有因构成两种相互对立的观点。

一　票据行为无因论与有因论

（一）无因论——以德国法为例

在德国民法中，承认无因性。例如，书面上的债务约定（BGB780 条），书面上的债务承认（BGB781 条），记名证券的记名承兑（BGB784 条）等，与原因债务是不同的，甚至是脱离了原因也可以成为诉讼的基础，把它们定义为给付义务。也就是说，票据被解释为是无条件的给付约定。依据抽象的债务约定和抽象的债务承认的规定，所以承认有价证券具有无因性。[①] 票据无因性的概念起源于德国票据法。无因性是德国票据法的传统观点，在 19 世纪末，就成为德国票据法的基本原理。

但是，我国民法的立场是把法律关系有因性作为原则。例如，动产交易中善意取得的规定、代替物偿还的规定和更改的规定均体现这样的立场。即如果某个法律行为被撤销，那么所设立的法撤销，善意第三人不能进行抗辩。关于这个原则的例外，在法律行为因欺诈而被撤销的情况下，为保护善意第三人所设立的法律关系，将其前提法律关系也视为有效。在民法中体现为，如果某一个法律关系在理论上以另一个法律关系为前提，那么当这个前提性的法律关系出现无效、被撤销等效力问题时，前提性法律关系如果被认定为无效，这个法律关系也被认定为无效，这就是有因性原则。民法中这种有因的法律关系的理论，在动产交易等方面也有所体现。例如，在动产交易中，某人向其他人转让所有权的行为是否有效，即使从转让人那接受了所有权，也不能取得所有权。但是，为保护善意第三人，这个原则中有善意取得的例外规定。这种有因关系在代替物偿还规定、更改规定中也有所体现。依我国的民法有因原则，无论是关于权利的成立，还是关于权利的转让，如果理论上作为前提的法律关系不能有效成立，

---

① ［日］河本一郎、小桥一郎等：《现代手形小切手法讲义》（第二卷），成文堂 2000 年版，第 34 页。

那么后者的法律关系也是无效的。

　　所以票据关系从民法角度考虑，票据上权利的成立、转让可以说都是有因的。但是，把票据关系解释成有因的法律关系，可能会妨碍票据的流通。也就是说，把在民法中规定的有因的法律关系应用到票据的法律关系中，由于欠缺妥当性，很多情况下，排除民法有因的法律关系，不得不提出无因的法律关系。例如，某种票据关系把其他的法律关系作为理论的前提的情况下，涉及多个方面。其中具有代表性的是票据的转让行为，也就是说，在理论上作为前提的某个票据的转让行为无效的情况下，由于是无效的转让行为，取得票据的人，其票据转让行为的效力成为问题，在这种情况下，不是通过继承取得票据的人不能转让票据。但是，在这种情况下，与其把保护善意受让人的问题作为背书转让的无因性问题来看待，不如把它作为票据善意取得的问题来看待。此外，如果票据债务承担行为由于某种实质性的瑕疵而无效或被取消，那么以其为前提的票据债务负担行为是否有效呢？这就应该由票据行为的独立性原则来解决了。也就是说，作为理论前提的票据债务承担行为由于实质性的瑕疵而无效，或被取消，不影响作为在后行为的票据债务承担行为的效力。票据行为的独立性原则是一种政策性的规定，规定在后行为不受前行行为的影响。但是，各种票据债务承担行为仅以票据上记载的文义作为自己的债务内容，互补牵连，独立地发生效力，这为票据行为的独立性原则找到了根据。① 也就是说，票据行为独立性的理论性根

---

　　① ［日］河本一郎、小桥一郎等：《现代手形小切手法讲义》（第二卷），成文堂 2000 年版，第 34 页。

据应该在直接的、相互独立的票据行为（债务承担行为）中寻找它的根据。

依据票据行为的无因性，无论原因关系是否存在、有效或者被撤销，票据关系都是有效成立的。这种无因性在直接授受票据的两个当事人之间也应该被承认。但是，即使在原因关系不存在或是无效、被撤销的场合，票据债务人也要对票据持有人负担债务，如果拒绝支付，就会产生不当的后果。但在直接当事人之间，如果认为原因关系是有意义的，那么就应承认拒绝支付。因此，在无因性的构成中，即使在原因关系无效等场合，随着票据授受的直接当事人之间的票据关系的有效成立，可以认为基于上述的无效等情况，票据债务人具有抗辩权（在德国法律中称 Einrede）。上述抗辩权的本质在于以持票人存在的请求权为前提，只是依抗辩权排除其效力（请求力）。票据债务人对其直接对象可以原因关系进行抗辩，并且拒绝支付。在这种情况下，因为票据债权本身是有效的，与通常行使债权的场合不同，关于原因关系的有无由票据债务人承担举证责任。德国法中无因性的特点在于，在上述的个别独立的票据债权中加入了抗辩这一概念，认为可能对抗的抗辩的范围是以不当得利的抗辩是否成立为基础而决定的，如上所述，我国的票据法学一般采取德国法律中的无因性。

（二）有因论——以法国法为例

票据有因性是法国法的传统观点。依据传统的票据有因性，票据债权就是原因债权。在当事人之间形成抗辩，并不像德国法上的抗辩权那样只是作为反对权发挥作用，而是认为票据债务从一开始就是无效的，因此，在原因关系无效等场合，票据债务人可以因票据债务的无效而拒绝支付。但现在，即使是法国的票据法，在原因关系的当事人之间也承认原因债权和票据债权的并存，也就是说，承认票据关系与原因关系的分离及票据债权和原因债权的个别独立性。而且，即使是在票据授受的直接当事人之间，原因关系的无效等主张的举证责任也与无因性的场合一样，应该由票据债务人一方来承担。

（三）无因论与有因论的评价

由上可知，无论站在有因性的立场还是无因性的立场，根据票据关系与原因关系的分离性、个别独立性以及票据的文义性，都认为原因关系的无效等主张的举证责任，即使是在直接的当事人之间也应该由票据债务人来负担。前述有因性相对于无因性的特点在于，基于原因关系的抗辩是以存在有效的票据债务为前提，只在排除其效力这一点上发挥作用。另外，根据有因性（在法国票据法上也一样），对于作为第三人的票据持有人，根据《法国票据法》第 17 条规定，基于原因关系的抗辩，作为人的抗辩对善意取得的第三人是受限制的。而且，在法国，为了表现由于人的抗辩的限制而受到保护的善意第三人所具有的票据债权的性质，无因性也被广泛使用。

二　票据行为无因性传统学说释评

（一）传统票据行为无因性的各种学说

1. 绝对无因性与相对无因性

有学者将票据行为的无因性区分为绝对无因性和相对无因性两种不同的理论，并在此基础上讨论票据法中的无因性应该是绝对的还是相对的问题。二者的区别在于是否承认票据行为的直接当事人之间可以依票据基础关系提出抗辩，承认这一可能性的为相对无因性理论，反之为绝对无因性理论。在欧洲，完全承认票据行为绝对无因性的只有德国等少数国家，其背景是该国民法理论对法律行为抽象原则的承认，并且这一理论仅停留在司法和学术研究中，于法律条文上并无体现。大多数欧洲大陆国家只是承认票据行为的相对无因性，国际统一立法也是如此。①

有的学者主张绝对无因性，认为票据直接当事人之间也适用票据行为的无因性，义务人仍须履行票据义务，只是在基础关系不存在的情况下，受益人须将不当得利返还给票据义务人。② 王小能教授持绝对无因性观点，其明确主张，"票据是否有效一律不受基础原因关系影响，只取决于票据的形式要件。直接当事人之间亦应主张票据关系有效。不过持票人是否可以行使票据权利，还取决于其取得票据时的行为和主观心态如何"③。

大多学者认为票据无因性为相对的无因性。赵新华教授认为，票据行为的无因性并非是绝对的无因性，因为在票据行为的直接当事人之间，票据行为的无因性的特征所能发挥的功能似乎并不很大，在票据的直接当事人间仍可以原因关系的无效、被撤销和消灭等事由进行抗辩，故票据行为的无因性是相对的。并认为，这是禁止权利滥用理论的必然要求，也有助于防止不当得利的发生。如果对处于票据基础关系中的直接当事人来讲，仍坚持票据关系绝对的无因性，实际上是以牺牲实质保护形式的合理

---

① 杨继：《我国〈票据法〉票据行为无因性规定之得失——兼与欧洲立法比较》，《比较法研究》2005 年第 6 期，第 18—22 页。
② 李新天、李承亮：《论票据不当得利的返还与抗辩——兼论票据的无因性》，《法学评论》2003 年第 4 期，第 43 页。
③ 王小能：《票据法教程》，北京大学出版社 2001 年版，第 99 页。

性，这固然实现了法律的一般正义，但没有兼顾个别正义，失去了法律在其价值追求上应有的兼容性，无法寻求到实质的正义和衡平。① 谢怀栻先生也主张，对于直接当事人之间的票据行为不适用无因性，他指出"无因性原则有例外，即在直接当事人之间，如出票人和第一受票人、背书人和被背书人之间的票据关系取决于基础关系，如果他们之间的基础关系无效，则票据关系亦无效。"② 日本学者川村正幸认为，"如果依据票据的无因性，无论原因关系是否有效、不存在或者消失，票据关系都是有效成立的。这种无因性在直接授受票据的两个当事人之间也应该被承认。但是，即使在原因关系不存在或是无效、消失的场合，票据债务人也要对票据持有人负担债务，如果不拒绝支付，就会产生不当的后果"，似乎采纳了绝对无因性观点，但随即他又指出，"在原因关系的当事人之间，如果认为原因关系是有意义的，那么承认拒绝支付就是合适的。因此，在无因性的构成中，即使在原因关系无效等场合，随着票据授受的直接当事人之间的票据关系的有效成立，可以认为基于上述的无效等情况票据债务人具有抗辩权。"③ 可以看出，川村正幸虽然表面上似乎主张绝对的票据无因性，但同时认为在直接当事人之间可以以原因关系为由进行抗辩，实质上还是采取相对无因性观点。

2. 内在无因性与外在无因性

无因性原则是法律行为外在无因性和内在无因性的统称。它

---

① 赵新华：《票据法问题研究》，法律出版社 2002 年版，第 49—51 页。
② 谢怀栻：《票据法概论》，法律出版社 1990 年版，第 45 页。
③ ［日］川村正幸：《基礎理論手形・小切手法（第二版）》，東京法研出版社 2007 年版，第 26 页。

不仅仅是指法律行为的有效性，独立于产生该法律行为的原因的有效性，其发生及存续皆不受后者的影响（外在无因性）；也是指产生法律行为的原因从该法律行为中抽离，不构成该法律行为的内容，当形成债权债务关系时，原则上，债务人不得以原因关系所产生的抗辩事由对抗债权人应当行使的权利（内在无因性）。基于此，有学者认为，对票据无因性的理解也应该从外在无因性和内在无因性两方面入手。具体来说，票据无因性应该包括以下内容：（1）票据的无因性实际上是指票据行为的无因性，即票据行为所产生的法律效果与其所产生的票据法律关系和所由产生的基础关系（特别是原因关系）之间的关系。所以，对票据无因性含义的理解实际上就是对这些关系的解释。（2）票据行为的外在无因性，是指票据行为的效力独立存在，其效力如何，完全取决于该行为在形式上是否符合票据法的要求，而不受由基础关系（特别是实质原因关系）引起的法律行为的效力的影响。持票人不负证明给付原因的责任，只要依票据法的规定，能够证明票据债权的真实成立和存续，就当然可以行使票据权利。（3）票据行为的内在无因性是指引起票据行为、产生票据关系的实质原因从票据行为中抽离，不构成票据行为的自身内容。所以，当形成票据债权债务关系时，原则上票据债务人不得以基础关系所生的抗辩事由对抗票据债权的行使。[①]

3. 票据关系无因性否认说

票据关系无因性否认说既不同于票据关系有因性也不同于票

[①] 于莹：《论票据的无因性原则及其相对性——票据无因性原则"射程距离"之思考》，《吉林大学学报》2003 年第 4 期，第 102—107 页。

据关系的相对无因性和恶意抗辩，它是在无因性与有因性之间采取的一种折中的理论。它是指在具体的法律关系中基于特定的事由，否认票据关系的无因性而重新配置票据权利与义务的一种法律制度。其适用的结果是使票据持票人在某些场合不享有票据权利，其效力只限于特定的法律关系中。

票据关系否认说关注到了票据有因性和无因性各有弊端。即票据关系无因性一旦被用作割断与票据基础关系联系的手段或掩盖无实质性权利存在的地位及达到其他非法目的时，将导致法律关系当事人之间的利益失衡和社会利益受损；而票据关系有因性又会破坏票据的交易安全，严重影响票据信用，而致使票据效力及其基础异化。有鉴于此，为保障票据关系当事人之间的利益平衡和法律正义价值的实现，并且达致票据流通性与安全性之间的和谐，应从一开始就在绝对维护票据关系无因性的制度中，注入票据关系无因性否认之要素。票据关系无因性否认的命题，表明了现代票据立法的这样一种倾向：既充分肯定票据关系无因性的价值，将票据行为的独立性作为票据法的基石，倾向于将票据关系所设定的权利置于实质权利之上加以保护，以促进票据流通；又不能容忍利用票据关系无因性从事不正当活动，牟取非法利益的行为。①

（二）各种票据无因性学说的分析评价

由上可见，关于票据行为的无因性，有各种不同的见解。问题之所以如此复杂，是因为对票据行为的看法存在差异。由于票

────────────

① 参见张燕强《论票据关系无因性之否认》，《法商研究》2007 年第 4 期，第 31—36 页。

据行为的形成存在着多种理论，在此基础之上形成的票据行为无因性概念也各具差异。以上无论是票据行为绝对无因说还是相对无因说，无论是内在无因说还是外在无因说，以及票据无因性否认说，都是建立在票据行为一元论的基础之上的。之所以在票据行为一元论的基础之上有如此纷繁复杂的票据无因性学说，恰恰是因为无法找到一个合适的无因性理论作为基石，来系统地构筑票据法律制度，既具有理论的整合性，又能解决诸多票据问题。但不可否认的是票据行为无因性原则的确立具有正当性，理由如下：其一，票据行为无因性是票据理论、票据制度的"精髓"。诚如前所述，票据的首要价值在于能够流通，能够较大范围地、灵活地实现当事人对于付款实现的预期。汇票、本票、支票等票据的汇兑功能、支付功能、融资功能、信用功能等均需在票据的动态流转过程中得以真正实现，然而，如何保障票据流通的顺畅与迅捷？各国票据立法者与理论研究者大都主张通过确立票据无因性原则来予以实现。毋庸置疑，票据无因性是票据法中的"精髓"所在，如果否定票据行为无因性则势必延缓甚至阻碍票据的流通，无疑会对票据存在的价值予以抹杀。其二，票据行为无因性的确立具有交易安全保障机能。众所周知，票据行为无因性的肯定能够将票据法律关系限制于"一元视域"之中，票据法律关系具有单纯性。票据持有者凭借票据就能行使相应的付款请求权与追索权，无须对票据取得的原因是否有效予以证明。付款人抑或承兑人等票据债务人不能基于票据基础关系效力的瑕疵来对票据权利行使者予以阻碍，即票据债务人不能对票据权利人进行无理抗辩，切断了票据基础关系与票据法律关系之间的联络。申言之，"票据行为无因性的机能，从根本上体现了票据行为无因性理论追求的是票据交易的简易、迅捷和安全化，保证票据真正能够流通，以充分发挥票据的支付结算、信用等功能。如果以有因性规制票据行为，票据转让手续就会烦琐，使票据交易效率大大降低，并因原因关系的复杂性造成票据交易的安全性无法保障，从而无人愿意受让票据，也就谈不上票据流通……有因性有害票据流通和交易安全，如果票据不再流通，就完全丧失了票据的生命力，票据的巨大市场经济职能就难以发挥出来。因此从这个意义上讲，票据行为的无因性和票据行为的文义性、要式性、独立性等特征相比，最能反映票据行为的本质。它是票据理论的基础，在整个票据法理论体系中占有核心地位。"①。其三，权利外观理论的确立为票据行为无因性存在的正当性奠定了坚实的理论基础。权利外观理论系由德国学者瑞茨·维斯派彻创立的，瑞茨·维斯派彻在《对于民法上外部要件事实之信赖》这本专著中指出，民事主体决定是否从事民事法律行为时，经常是基于对法律所确立的具体规则以及交易习惯所表征出来的外在事实的信任来进行主观臆判的，民事主体的外观信赖是应为立法者所保护的。申言之，立法者应对当事人公示出来的外在客观表征，以及相对人对这种外观表征的信任应予以保护。"该理论的特点主要表现在：一是重外观，注重对权利外观的保护；二是强调信赖，认为法律保护受让人利益，并非仅仅基于善意，而是因为其对外观事实的信赖。权利外观理论反映了民法以社会本位为主，保障交易安全的思想。权利外观理论体现了法律保护的依据更倾向于权利的外观形即票据的外观记载，而不是其实质和原

---

① 董惠江：《票据无因性研究》，《政法论坛》2005 年第 1 期，第 140 页。

因。权利外观理论为票据行为无因性奠定了理论基础"①。其四，
票据行为无因性的确立有利于商事交易成本的降低。降低交易成
本、提高交易效率是商法理论的重要内核。在大量的商事交易实
践过程中，我们不难发现，交易成本的降低能够最大限度地提高
商事主体的利润最大化之目标。而现实中，交易成本的降低、利
润的最大化的商事目标的实现有赖于克服交易障碍因素——信息
不对称，毋庸置疑，在大量的商事交易过程中，交易相对人很难
对一方主体的信息得以准确掌握，经常是基于外观表象来决定是
否为一定商事行为。鉴于此，理论界所主张的票据行为无因性原
则能够较好地消解票据交易中的信息不对称问题，其结果必然是
降低交易成本、提升票据权利者的利润。其五，综观票据法产生
发展的历史沿革，我们不难发现，各国立法者对票据行为由传统
的有因性到近现代的无因性的态度转变。在法国，拿破仑时期，
法国立法者并不承认票据行为的无因性，1807 年的《法国民法
典》明确肯定票据行为的有因性，并未将票据法律关系与其原
因关系予以隔离，强调原因关系对票据法律关系的影响。直至
1935 年，法国立法者对于票据行为的无因性之态度才发生改变，
《法国民法典》借鉴了《日内瓦统一票据法》的规定："被起诉
之汇票债务人，不得以自己与发票人或者执票人之间所存在抗辩
之事由对抗执票人，但执票人明知对债务人有损害而取得票据者
不在此限。"正式肯定票据行为无因性。德国与法国不同，对于
票据行为无因性的主张相对较早。《德国票据法》第 17 条规定：

①　万静：《票据无因性理论基础初探》，《科技风》2008 年第 8 期，第
101 页。

"任何被凭汇票要求付款的人，不得以持票人与出票人或者与前持票人有直接关系为理由向持票人提出抗辩。但持票人在取得汇票时知晓该交易不利于债务人时，不在此限。"综上所述，无论是对票据行为无因性采取相对说，抑或绝对说，均不能否定票据行为无因性原则确立的正当性。

三　传统票据行为无因性的样态

（一）传统票据行为无因性内涵厘清

对于票据行为无因性的内涵，学者们的理解有所不同。德国票据法理论从分析票据关系与原因关系之间关系的角度出发，认为票据行为无因性，是指票据上的权利并不依赖作为票据关系之基础关系的原因关系，原因关系即使无效或被撤销，对票据上的权利也不产生任何影响。英、美、法系的票据法理论注重票据的流通作用，强调"对价"和"正当持有人或善意持有人"概念，所以一般都是结合票据流通支付对价及善意取得两个方面对票据无因性的内涵进行解释。英国学者杜德莱·理查逊就将票据无因性解释为："票据作为一种权利财产，其完全的合法权利可以仅凭交付（或许要有转让人的背书）票据来转让。只要受让人取得票据时是善意的，并支付了对价给转让人，他便获得该票据及其所代表的全部财产的完全的所有权而不受其他权益的约束。"①

日本及我国台湾地区的票据法理论，虽然承袭了德国票据法理论的基本观点和原则，但对票据行为无因性理论的阐释较德国

---

① ［英］杜德莱·理查逊：《流通票据及票据法规入门》，复旦大学出版社1990年版，第15页。

票据法更为详尽和清晰。日本著名商法学者龙田节认为，票据上的债务是基于票据行为自身而发生和存在的，和作为票据授受原因的法律行为（买卖、消费借贷等）存在或有效与否无任何关系。即使买卖契约无效或被解除，由此产生的票据债务也不受影响。[①]我国台湾地区学者李钦贤进一步解释道，票据法律关系虽因基础法律关系而成立、发生，但票据行为本身绝非将基础法律关系中的权利义务表彰于票据上，而是依票据法的规定，为创设另一新的权利义务之法律关系，因此，基础法律关系的权利义务，与票据行为所创设的权利义务，系个别独立存在的，相互间不发生影响。[②]我国台湾地区学者梁宇贤更把票据行为无因性的含义总结为："无因证券者，乃票据执票人得不明示其原因所在而主张享有证券上之权利谓也。票据如已具备法定要件，其权利即行成立，至其法律行为发生之原因如何，在所不问"。[③]他认为，"票据行为之无因性，亦称票据行为之抽象性或'中性的性质'或'无色性'。票据行为通常多以买卖、借贷或其他实质原因关系为前提。然于票据行为成立后，该项原因关系存在与否及其效力如何，于票据行为之效力不产生影响，故持票人不负证明给付原因之责任。是以票据关系与其原因关系，在经济上虽有密切之关系，但在法律上两者完全分离。票据行为仅为票据本身之目的而存在，并不沾染该原因关系之色彩，是为票据行为之无色性。"[④]日本学者小桥

① ［日］龙田节：《商法略论》，甘肃人民出版社 1985 年版，第 177 页。
② 李钦贤：《票据法专题研究（1）》，台湾三民书局 1986 年版，第 299 页。
③ 梁宇贤：《票据法实例解说》，台湾瑞兴图书股份有限公司 1995 年版，第 11 页。
④ 梁宇贤：《票据法新论（修订新版）》，中国人民大学出版社 2004 年版，第 32 页。

一郎认为，"票据的无因性，是指票据上的法律关系是从原因关系中抽象出来的独立的法律行为。但是，关于票据的法律关系的各方面是相关联的。也就是说，在行使票据上权利时，无需主张和举证其原因，在这一点上是相关联的。另外，票据上法律关系的内容不包括原因关系，以及票据上的权利中是否存在原因关系，或不受到有效、无效的影响，这些都是票据的无因性。"①

赵新华教授认为，"我国票据法虽然未明文规定票据无因性，但从相关法条规定及票据理论来看，一直承认票据无因性。在我国，票据行为的无因性，是指票据行为，与作为其发生前提的实质性原因关系相分离，从而使票据行为的效力不再受原因关系的存废或其效力有无的影响。"② 票据行为无因性表现为以下三个相互关联的方面："1. 票据行为的效力独立存在；2. 持票人不负证明给付原因的责任；3. 票据债务人不得以原因关系对抗善意第三人。"③

从以上对票据行为无因性的用法来看，可以总结为四种：其一，票据行为中票据的权利定性的无因，是无因的票据债权的表现（这是以票据关系与原因关系的分离、独立性、无因的效果以及抗辩限制的原则为前提的）。其二，原因关系、原因债权与票据关系、票据债权的分离性作为个别独立性的无因性。其三，根据抗辩限制原则，作为第三取得人取得的票据上的权利性质的无因性。其四，在直接当事人之间，把原因关系的无效等瑕疵作

---

① ［日］小桥一郎：《商法論集Ⅱ——商行为·手形（1）》，成文堂1983年版，第248页。

② 赵新华：《票据法》，吉林人民出版社1996年版，第48页。

③ 赵新华：《票据法问题研究》，法律出版社2002年版，第47页。

为抗辩权来处理的意义的无因性，也就是，票据关系与原因关系的分离性、独立性与抗辩权的对抗。其中第二种无因性用法是第四种无因性用法的前提。[①]　提及票据行为无因性时，指的是这四种用法中的哪一种应在理解之后来把握。

（二）传统票据行为无因性样态梳理

诚如前所述，票据行为无因性系为票据关系与基础关系分离的概括。那么，在具体的票据行为无因性理论项下究竟存在哪些样态？学界从诸多视角予以论及。本书拟从宏观层面与微观层面两个层级来分别予以界分。其中票据行为无因性的宏观样态是指票据关系与原因关系、资金关系、预约关系等基础关系的分离。票据行为无因性的微观样态是指在具体票据关系内部，票据行为成立、票据权利取得、票据债务履行、票据流通等方面票据行为无因性的体现。

1. 票据行为无因性之宏观样态

（1）票据关系与原因关系的分离

票据行为一经生效，票据关系与原因关系[②]即刻分离，原则上原因关系将不对票据关系产生影响。申言之，票据行为生效导致票据关系生成，票据权利与票据义务相应产生，此时，既是导致票据关系产生的票据原因无效也不会对票据权利与义务发生影响。票据权利人与票据债务人之间的效力认定依据仅应凭借票据

[①]　参见［日］川村正幸《基礎理論手形·小切手法（第二版）》，东京法研出版社2007年版，第28页。

[②]　票据原因关系"又称为票据原因，是指当事间（发票人与受款人之间）授受票据的原因。发票人签发票据，受款人之所以因其发票而取得票据上的权利，实际上是因为他们之间存在某种特定的'实质关系'，该'实质关系'即为票据的原因关系。"覃有土、李贵连：《票据法全书》，中国检察出版社1994年版，第31页。

即可，原则上，票据权利人没有义务证明票据原因关系的有效存在，票据债务人也无权利对票据原因关系生效与否予以审查。例如，A 对 B 出票，B 将该票据转让给 C，由于付款人拒绝付款，C 遂行使追索权向 A 追索，A 以其与 B 之间的合同无效对抗 C 并拒绝付款，法院对此不予支持。

（2）票据关系与资金关系的分离

票据行为一经生效，票据关系与资金关系①即刻分离，原则上资金关系将不对票据关系产生影响。申言之，票据资金关系作为基础关系的一种，是存在于出票人与付款人之间的付款法律关系。基于票据无因性原则，票据行为的效力和存在与出票人和付款人之间的资金关系没有必然联系。票据持有者仅凭借票据即可行使付款请求权或追索权，进而要求票据义务人履行付款义务，资金关系的生效与否不是票据权利行使的依据。另外，对于出票人而言，其与付款人之间的生效资金关系并不能阻碍持票人行使追索权而要求其承担付款义务。对于付款人而言，即使其与出票人之间不存在资金关系，但基于票据义务，其仍应对票据权利人履行付款义务。

（3）票据关系与预约关系的分离

票据行为一经生效，票据关系与预约关系②即刻分离，原则

---

① 票据资金关系是指"发生于发票人与付款人之间、发票人与承兑人或保付人之间的一种基础关系，又称'票据资金'。票据资金的义务人通常是发票人，但发票人受第三人委托而发票（委托汇票、委托支票）者，该第三人（委托人）为资金义务人。在票据资金关系上，必须发票人与付款人不具有同一法律资格。汇票与支票，其发票人与付款人不具有同一法律资格，故票据资金关系能发生于两者之间。但本票则不然，其发票人即是付款人，两者具有同一法律资格。"覃有土、李贵连：《票据法全书》，中国检察出版社1994年版，第31页。

② 票据预约关系是指"票据当事人之间就授受票据有关事项达成的协议。"张旭：《国际商法理论与实务》，科学出版社2005年版，第194页。

上资金关系将不对票据关系产生影响。申言之，"为授受票据，票据当事人之间在此之前，必须就票据的种类、金额、到期日、付款地等事项达成协议。票据预约关系属于民法上的合同关系，当事人之间一旦达成票据预约，就应该依约履行，否则应按民法上关于违约的规定进行处理。"[①] 在民商事实践中，大量的合同关系的发生，如果仅靠现金或银行转账势必非常烦琐，极大地影响交易成本与效率。随着票据规则的创设，越来越多的企业比较乐于通过票据支付方式来实现付款义务的履行。但在生成票据关系之前，合同双方当事人必须对票据种类、金额等关系债权实现的重要因素予以确立明确，达成一致的意思表示。只有在预约关系基础上，出票人与持票人之间才可能形成票据关系。然而在大量的票据纠纷实践中，票据预约关系经常发生不具有生效要件而致其效力欠缺的现象，为了避免票据纷争陷入尴尬的轮回陷阱，各国立法者大都主张利用票据行为无因性原理来隔断票据预约关系与票据行为、票据关系之间的链接。

2. 票据行为无因性之微观样态

（1）票据行为生效要件的独立性

票据行为又称之为"票据上行为，是行为人在票据上完成的一种法律行为，是以行为人在票据上进行必备事项的记载、完成签名并予以交付为要件，以发生或转移票据上权利、负担票据上债务为目的的要式法律行为。"[②] 毋庸置疑，从各国票据立法及实践来看，票据行为的生效应当包括两方面条件：其一，票据

[①]　张旭：《国际商法理论与实务》，科学出版社 2005 年版，第 194 页。

[②]　赵新华：《票据法论》，吉林大学出版社 2007 年版，第 37 页。

文本必须选择国家统一印制的票据。我国《票据法》第 108 条规定："汇票、本票、支票的格式应当统一。票据凭证的格式和印制管理办法，由中国人民银行规定。"即在我国，票据行为的生效必须使用中国人民银行统一印制的票据凭证格式用纸。其二，出票行为必须符合票据法之规定，如必须记载绝对必要记载事项，否则包括出票行为在内的票据行为均不发生效力。如我国《票据法》第 22 条规定："汇票必须记载下列事项：（一）表明'汇票'的字样；（二）无条件支付的委托；（三）确定的金额；（四）付款人名称；　（五）收款人名称；　（六）出票日期；（七）出票人签章。汇票上未记载前款规定事项之一的，汇票无效"。其三，票据当事人必须具有票据能力。由于具有高度技术性，票据行为与普通民事行为不同，对当事人行为能力的要求更为严格，各国立法者大都将无民事行为能力人与限制民事行为能力人排除于票据当事人范畴。如我国《票据法》第 6 条规定："无民事行为能力人或者限制民事行为能力人在票据上签章的，其签章无效，但是不影响其他签章的效力"。其四，票据当事人意思表示真实。作为民商事行为中的一种，票据行为的生效也需对票据当事人的真实意愿予以考量，违背真实意愿的票据行为之效力大都为各国立法者所否认。如我国《票据法》第 12 条规定："以欺诈、偷盗或者胁迫等手段取得票据的，或者明知有前列情形，出于恶意取得票据的，不得享有票据权利。持票人因重大过失取得不符合本法规定的票据的，也不得享有票据权利"。其五，票据交付。基于票据之自身特性，无论是出票，抑或背书转让，票据行为的生效必须经过交付票据这一环节，否则，票据行为不发生效力。鉴于此，票据行为的成立与生效只要符合前述要件，而无须考量其发生的原因关系、资金关系、预约关系等即可，充分体现了票据行为无因性之特质。

（2）票据权利取得彰显票据行为无因性

通过考察各国票据立法可知，立法者的立法态度大都一致，即"持票人除采取票据法所明确规定的不法行为或基于恶意、重大过失而取得票据不能享有票据权利者外，一般而言，可以依其他任何行为取得票据权利。即持票人无论是通过交易行为还是非交易行为，无论是否支付对价或不以相当对价取得票据，均合法地享有票据权利。"①《日内瓦统一汇票本票法》第16条规定："……不论汇票以何种方式脱念离原持有人的占有，持票人只要能依前款的方法（指按背书连续证明其权利）主张其权利，就合法占有汇票，但持票人恶意取得票据或在取得票据时有重大过失的除外。"由上述规定可知，票据权利的取得并不需要对票据原因予以具体考量，只是将违法行为、恶意、重大过失行为作为例外予以排除，由此可见，票据权利的取得系为票据行为无因性的又一体现。

（3）票据权利与义务的实现凸显票据行为无因性

在票据实践中，持票人行使票据权利无须对其取得票据权利的原因予以证明，只需凭借符合票据法规定的票据即可实现相应票据权利。申言之，"依票据的提示证券性，持票人行使票据权利，以占有票据为必要，为了证明其占有的事实以行使票据权利，必须提示票据（票据丧失经法院判决的除外），同时也可以

---

① 刘定华：《中国票据市场的发展及其法律保障研究》，中国金融出版社2005年版，第65页。

凭背书连续证明其权利主体资格，无须再就原因关系上的债务的成立与存续提供证明，仅依票据上所记载的文义就可以请求给付一定的金额。"① 同理，对于票据债务人而言，在履行票据债务时，票据债务人无权要求持票人对其持票的原因关系之合法性予以证明，更不能基于持票人前手与出票人之间的抗辩事由来对抗持票，进而拒绝履行付款义务。

(4) 票据流通路径的畅通彰显了票据行为无因性

民商法原理中，一般债权让与的生效除了需要出让人与受让人之间的合意外，还必须通知债务人方能对债务人发生效力。一般债务的让与除连带式的并存债务承担外，债务人转让债务必须经过债权人同意，否则，债务让与不发生法律效力。作为民商债权、债务中的一种类型，票据权利与票据债务具有特殊性，鉴于对票据流通功能的凸显，各国立法者大都放松对票据权利与票据债务转让的限制，不要求如债权让与那样需要通知债务人，以及债务让与那样需要债权人同意。申言之，"票据的流通比民商法上一般财产权利的转让更为灵活、方便。票据的转让，不必事先通知债务人即可生效，得依背书或交付的方式转移其权利（除出票人有禁止转让记载外，均可以背书方式或交付方式转让）。"② 由此可见，各国票据立法者对于票据流转的放松体现了其对票据行为无因性的考量。

---

① 刘定华：《中国票据市场的发展及其法律保障研究》，中国金融出版社 2005 年版，第 66 页。
② 同上。

第二节　基于票据行为二阶段说的无因性内涵

与上述票据行为无因性这种票据法传统意义上的观点相反，近年来以前田庸为代表的日本学者，基于对传统票据理论的批判，适应票据实践中出现的后手的抗辩、二重无权抗辩等问题，提出了二阶段说这一票据理论学说，并因此把票据行为分为债务负担行为和权利移转行为两个阶段，认为票据行为的性质必须区别票据债务负担行为和票据权利转移行为分别考察。关于票据债务负担行为，承认其与一般的法律行为不同的特性，与此相反，关于票据权利转移行为，直接适用其有关一般的意思表示或契约的规定。

一　基于二阶段创造说的票据行为的定义

采用票据行为二元构成论，区分债务负担行为与权利移转行为的性质差异，对于理解票据的各种制度都有重要的意义。票据债务负担行为是单独行为，与此相反，票据权利转移行为是契约；票据债务负担行为是无因行为，与此相对，票据权利转移行为是有因行为；票据行为独立原则是在债务负担行为上存在瑕疵的情况的问题，与此相反，善意取得制度是权利转移行为上存在瑕疵的情况的问题。明确票据行为的概念不仅对其自身具有理论意义，而且对于票据的整体制度研究具有重要意义。从创造说的立场出发，把票据行为的概念视为票据债务负担行为和票据权利转移行为的二元构成是最恰当的。

基于二阶段创造说，票据行为可以定义为，"负担票据债务，是以在票据上结合其成立的权利为目的的票据债务负担行为和以转移票据上的权利为目的的票据权利转移行为二者组成的法律行为"。① 其中票据债务负担行为是依据票据的完成而成立的行为，其不仅以负担票据债务为目的，也以在书面上结合其债务对应的权利为目的，据此，完成作为有价证券的票据。票据可能仅以债务负担为目的被领取，但这时也必须注意结合其债务对应的权利使作为有价证券的票据完成的方面。与此相反，票据权利转移行为是依据票据的支付而成立的行为，是以在票据上结合的权利——票据上的权利的转移为目的的行为。

二　票据债务负担行为的无因性

票据债务负担行为不必与对方的意思表示相符，仅以完成票据的行为人的意思表示而成立的单独行为。因票据债务负担行为是单独行为，其成立不受票据交付对方情况的影响，即使票据的受让方因特定的事实是恶意的情况，票据债务依然成立，这对于保护善意的票据取得人及提高票据交易安全有益。对恶意的受让方，票据债务人可以依据票据权利转移行为存在瑕疵，主张拒绝对其支付。票据债务负担行为具有无因性，主要表现在以下两个方面：

（一）票据债务负担行为不受票据以外的法律行为的影响

票据债务负担行为是不受票据交付的原因这一票据外的法律关系影响的行为，因此，称其为无因行为。票据债务负担行为具有无因性是为说明人的抗辩切断的后果。例如，买主 A 为支付

---

① ［日］前田庸：《手形法·小切手法》，有斐阁 2005 年版，第 32 页。

买卖货款把卖主 B 作为收款人开出票据，A、B 之间存在解除买卖契约的理由，但 B 把该票据背书转让给善意第三人 C（C 不知道 A、B 之间存在解除买卖契约的理由）时，如果依据人的抗辩切断原理，A 不能以 A、B 之间的买卖契约已经解除为由拒绝向 C 支付票据金额。为了对这样的结果提供理论支撑，规定构成 A 的票据债务负担行为不受 A、B 间原因关系的瑕疵影响是必要的。如果不规定票据债务负担行为是无因行为，而规定其是有因行为，那么在 A、B 间的原因关系解除的情况下，A 的票据债务负担行为也失去效力，因为 A 不负责票据上的债务，不只是对 B，对 C 也不承担票据债务，这样就损害了票据交易的安全。相反，如果规定票据债务负担行为是无因行为，在上述情况下，A 不能对 C 拒绝票据金的支付，这样有利于票据交易安全。如果 A 对 B 基于原因关系能够行使解除权而拒绝票据金的支付，并且 C 对于 A、B 间的解除理由知情而仍然恶意取得票据的情况下，A 能够对 C 主张恶意抗辩。

　　票据债务负担行为除了不受票据原因关系瑕疵的影响外，还不受票据以外的法律关系的影响。假设在 A、B 之间，A 对 B 存在反对债权——此债权不是从 A、B 间票据授受的原因关系生成，在 A 能够主张对 B 的票据金请求抵消的情况下，对 C 也不能主张行使上述的抵消权。因此，票据债务负担行为的无因性不只意味着票据债务负担行为不受原因关系上的瑕疵的影响，还意味着其不受票据以外的法律关系的影响。

　　（二）票据的无因证券性

　　票据上表彰的权利是不受原因关系等票据以外的法律关系影响的，是抽象的。这样表彰抽象权利的有价证券被称为无因债券或抽象债券。有价证券不一定都是无因证券。有价证券中有的只是表彰已经发生的权利，比如股票。股票上表彰的权利即股东的地位依据公司的设立或新股的发行已经发生，股票的发行只是用证券证明已经发生的权利。如果表彰已经存在的权利的有价证券所表彰的权利无效或以任何理由消灭，该证券不再表彰任何权利。以股票为例，如果确定新股发行无效，则股东地位消失，其股票也因此失去效力，不再表彰股东的地位。这种表彰已经发生的权利，并且其效力受所表彰权利的效力左右的有价证券称为有因证券或要因证券。

　　假设把所有有价证券都看成无因证券，那么从提高其表彰的权利的流通性来看是有益的。但是，如果不论有价证券所表彰的权利性质，一律作为无因证券是不可能的。以股票为例，如果不管其所表彰的权利存在与否，都承认该股票的效力，那么就会相应减少其他股东对公司所享有的权利，所以，将股票看成无因证券是不可能的。而对于票据，在其表彰的权利是金钱债权的情况下，将其作为无因证券，可以提高权利的流通性。

三　票据权利移转行为的有因性

（一）票据权利移转行为有因论的提出

　　票据权利转移行为是票据授受当事人之间的契约，依据当事人间的意思表示成立。关于这一意思表示，原则上适用民法有关无能力及意思表示瑕疵、欠缺的相关规定。传统票据行为无因性根据票据行为一元论将票据行为解释为一般的无因行为，但最近随着后手抗辩和二重无权抗辩这些新型案例的出现，这种解释存在着疑问，日本学者提出的票据权利转移行为有因论变得更有说服力。

　　票据权利转移行为有因论由下面案例而引发。案情大致如下：A 以 B 为收款人开出票据，假设 B 为了借款的担保对 C 背书，后来此借款返还。因此，B 对 C 不仅能够拒绝票据金支付，也能够请求票据的返还。但是，如果 C 不把此票据返还给 B，反而向 A 请求支付票据金，此时，A 能否以 B、C 之间的原因关系消失为理由，对 C 拒绝支付票据金？[①] 在这种情况下，如果认为 A 对 C 不能拒绝支付票据金，可以全面地遵循传统票据行为无因性这一理论。即使 B、C 之间的原因关系消失，C 依然是票据上的权利人，能够对 A 请求票据金。与此相反，如果认为 A 对 C 能够拒绝支付票据金，作为这一结论的理论支撑，票据权利移转行为有因论更有说服力。

　　理论是为了解释问题而存在的。在上面的案例中，我们首先要讨论的是哪个结论更妥当，然后再为此寻找理论支撑，而不是单纯地讨论票据权利移转行为应该是无因的还是有因的。

　　（二）结论的妥当性

　　在以上案例中，A 对于 C 的支付请求是应该拒绝还是接受？下面分析一下哪种结论更为妥当。

　　很多学者从确保票据流通安全考虑，严格贯彻票据行为无因性以及人的抗辩的个别性理论，认为在被背书人 C 不正当的行使票据金请求权利时，与背书人 B 的内部关系，应该根据返还不当得利来解决。依传统票据无因性，在此案中 A 对 C 不能拒绝支付票据金，这基于以下考虑：其一，C 行使票据金支付请求权之后，应该把从 A 处获得支付的票据金返还给 B，否则构成不当得利；

其二，如果 A 可以拒绝向 C 支付票据金额，那么在 C 不向 B 返还票据或把票据作废的情况下，A 作为票据主债务人将产生免除票据债务履行的不当得利情况；其三，B 要求 C 返还票据时，C 很可能拒绝返还，在这种情况下，只能承认 C 对 A 行使票据金支付请求权，而后 B 再依据不当得利请求 C 返还票据金。

　　针对以上第一个问题，在 C 对 B 承担返还票据义务的情况下，C 不履行返还票据义务而选择从 A 处请求票据金支付，期待 C 对 B 返还票据金基本是不可能的，规定 A 对 C 能够拒绝票据金请求，这对 B 来说更可靠。对于第二个担忧，C 拒绝向 B 返还票据时，B 可以向 C 提起票据返还请求诉讼以接受票据的返还；当 C 把票据作废时，B 可依据公示催告程序获得票据除权判决，并因为能对 A 请求票据金，这样，即使规定 A 对 C 能够拒绝票据金的支付，也不存在 A 不当得利的情况。对于第三个问题，不可能发生 B 想赎回票据就能赎回但疏于赎回的情况。假设 B 和 C 缔结买卖契约，作为其货款支付的方法把票据背书转让给 C，但 C 不交付买卖的标的物，因此，在 B 解除买卖契约的情况下，不存在即使 B 想赎回票据也赎回不了的情况。如果以此为据承认 C 对 A 的票据金请求，再由 B 对 C 进行不当得利的返还请求，这一理由是不充分的。

　　可见，依据传统票据无因性理论，一方面承认 B 对 C 的票据的返还请求，另一方面也承认 C 对 A 的票据金请求，这两个请求权不能并行——承认一方的请求，另一方的请求就要被否定。假设 C 应 B 的票据返还请求把票据返还给了 B，则 C 再对 A 请求支付票据金就成为不可能。C 只能对 B 不履行票据返还义务才有可能向 A 请求支付票据金，但是 C 因不履行承担的票据返还义务却反而受

益的情况是与法理不符的。认为本来不能并立的票据返还请求权和
票据金支付请求权并存是不妥当的，因此，应该否定 C 对 A 的票
据金请求权。这一观点被日本最高审判昭和三年 12 月 25 日大法庭
判决（民集 22 卷 13 号第 3548 页）① 所采用，也被以后发生的类似
案例所遵循，对票据法理论界产生了深远的影响。

（三）理论依据——权利移转行为有因论与权利滥用理论
之争

从以上分析可知，A 能够拒绝 C 的票据金请求这一结果更为
妥当，但接下来要解决的问题是，依据何种理论才能导出这一结
论呢？这主要有权利滥用理论和票据权利转移行为有因论两种对
立的理论。

1. 权利滥用论

上述案例中，日本最高裁判大法庭的判决依据是"为了确
保自己的债务支付，票据持有人接受上述债务清偿时，失去应该
行使票据权利的实质理由。然而，不返还票据而把票据存放在自
己手里珍藏，利用自己形式上的权利要求出票人支付票据金，这
符合权利的滥用，出票人根据票据法第 77 条、17 条但书的宗
旨，能够对持有人拒绝票据金的支付。"② 这就是所谓的票据权
利滥用理论，此后的判例也沿用了这一理论依据。

2. 票据权利移转行为有因论

（1）票据权利移转行为有因论的目的

A 对 B 开出票据，B 对 C 背书转让，在 B、C 之间的原因关

---

① ［日］前田庸：《手形法·小切手法》，有斐阁 2005 年版，第 35 页。
② 同上书，第 36 页。

系消灭的情况下，C 从 B 处接受人的抗辩的对抗，在理论上应该怎样解释对 A 不能请求票据金的这一结论呢？依票据权利移转行为有因论，应该认为 C 是票据上的无权利人（即 B、C 间不存在票据权利转移行为）。在 C 从 B 处盗取票据，或拾得 B 丢失的票据的情况下，C 不仅对 B，对 A 也不能行使票据上的权利，这也是依据 C 是票据上的无权利人而导出的。

在 B、C 间原因关系消失的情况下，A 能够对 C 拒绝票据金的支付，为了说明这一结论，把 C 看作是无权利人较好。依票据权利移转行为有因论，票据权利移转行为是依据原因关系的消灭、不存在等受影响的有因行为。上述的例子中，如果 B、C 之间的原因关系消灭，B、C 间的票据权利移转行为也受其影响失去效力，票据上的权利还原给 B，C 成为无权利人，所以 A 对 C 能够拒绝票据金支付的请求。

把票据行为分为票据债务负担行为和票据权利转移行为，是以两阶段创造说为理论基点的。票据债务负担行为是不受原因关系的消灭、不存在等影响的无因行为，但票据权利移转行为是受其影响的有因行为。之所以把票据债务负担行为看作无因行为是为了说明人的抗辩的切断。为了适用人的抗辩切断制度，规定票据债务负担行为是无因行为十分必要。而为了在诸如上述案例中，得出 C 不仅对 B，对 A 也不能请求票据金这一结论，把票据权利移转行为看作有因行为同样也是必要的。

（2）票据权利移转行为有因论的优势

把票据行为分为票据债务负担行为和票据权利转移行为两个阶段，规定前者是无因行为，后者是有因行为，这种理论构成依据二阶段创造说是可能的，而依据契约说或发行说是不可能的。

从契约说或发行说的立场出发，A 拒绝 C 行使权利的根据，只能像上述最高裁判大法庭判决一样，在承认 C 是票据上的权利人的情况下，依据权利滥用论否认 C 向 A 请求票据金支付。

但是，在 B、C 间的原因关系消灭的情况下，特别是 C 对 A 的权利行使不当的案例，依据权利滥用论通常拒绝 C 的权利行使，这在结果上无疑否定了权利移转行为的无因性。无疑，使用权利滥用论只是对权利滥用论的滥用。①

从传统票据行为无因性的立场出发，此案例中援引的权利滥用论有如下不足：①若持有人对任何债务人都不能行使权利，就如同无权利人，这与票据的无因性相矛盾；②引用以原因关系为基础的背书人的抗辩，允许出票人拒绝支付，这与人的抗辩的个别性原则相反；③在注重严格性、形式性的票据法的解释中，引用滥用权利这样的一般条款是不正确的。

从票据权利移转行为有因论的立场出发，在背书的原因关系无效的情况下，票据上的权利没有移转给被背书人，背书后，在原因关系消失的情况下，暂时移转到被背书人手中的票据上的权利又回到了背书人手中。无论何种情况，被背书人（票据所有人）即使占有票据，也仍然是无权利人，出票人和票据债务人能够拒绝被背书人的票据金请求。

（3）有因论与滥用论适用结果的具体差异

依据有因论将 C 作为无权利人，还是把 C 作为权利人以后再依据权利滥用论拒绝其行使权利，在适用结果上也是有差异

---

① 〔日〕前田庸：《手形法·小切手法》，有斐阁 2005 年版，第 48 页。

的。① 例如，在 C 自己废弃票据的情况下，如果承认 C 是权利人，会认为 C 是放弃自己权利的人，只是 A 能免除票据金的支付，B 对 C 能够请求损害赔偿。如果把 C 看作无权利人而把 B 看作权利人，在 C 废弃票据的情况下，B 作为权利人可以依据公示催告手续获得除权判决，这样对 A 能够请求票据金。显然后一种结果更为妥当。又如，虽然依据两种理论都可以得出 A 拒绝 C 票据金请求的结论，但在时效中断行使的权利主体上存在不同。如果依据无因论，由于 B 是无权利人，不能自己采取时效中断的措施，因此，只有 C 能够采取时效中断的措施。而如果依据有因论，B 是票据权利人，因此，能够采取时效中断的措施。显然，让最初对票据上的权利存在利害关系的 B 采取时效中断的措施是妥当的，因此，有因论更有说服力。

第三节　票据行为无因性节点考量

一　票据行为无因性之内质：票据债务负担行为的独立

依据创造说，如果票据债务负担行为成立，票据行为人承担票据上的债务，与此相对应的权利与票据相结合，就完成作为有价证券的票据。那么，票据债务负担行为成立必须满足怎样的要件？这可以分为形式上的要件和实质上的要件两部分。所谓形式上的要件是指需记载必要的记载事项；所谓实质上的要件是指有效地完成意思表示。如果欠缺这两个要件中的任何一个，其行为人不承担票据债务，对任何人都能够拒绝票据金的支付。这种对

---

① ［日］前田庸：《手形法·小切手法》，有斐阁 2005 年版，第 49 页。

任何人都能够拒绝支付的抗辩理由被称为物的抗辩，与只能对特定的人、主张的人的抗辩相对应。为了区别物的抗辩和人的抗辩，充分把握票据债务负担行为的成立要件是十分必要的。

（一）票据债务负担行为的形式要件

1. 各个票据行为的固有方式

法律规定票据债务负担行为是要式行为，各个票据行为的必要记载事项如果没有记载，那么票据债务就不成立。因此，为了票据债务负担行为成立，首先，要完成各个票据行为固有的必要记载事项的记载。其次，要求各个票据行为的方式都包含签名或盖章。"票据上的'签名（或盖章）'尤其特别重要，几乎所有的票据行为，都是以签名作为出发点；所有票据上责任，也因之而生。"[1] 关于是否承认按手印盖章有不同观点，我国台湾地区的"票据法"在1973年修订前，曾一度许可画押，修正时，立法部门同意行政部门的看法，认为"画押为我国旧时代替签名之方式，辨别困难，易滋纠纷"，从而将画押的代签名方式删除。票据上的签名，刻意排除了民法上所允许的指印、花押[2]或其他符号，从而凸显出票据对签名的特别重视。[3] 也有学者认为，"在能够判别使用这种方法的行为人的同一性的情况下，否定其票据债务是不恰当的，承认按手印也是盖章"。[4]

---

[1] 戴立宁：《论个人在票据上的签名》，《北大法律评论》2008年第1期，第165—186页。

[2] 花押又称"押字"，兴于宋，盛于元，故又称"元押"，相当于现代的个人签名。从实用意义上说，由个人任意书写的"押字"因难以模仿，从而达到防奸辨伪的作用。

[3] 戴立宁：《论个人在票据上的签名》，《北大法律评论》2008年第1期，第165—186页。

[4] 铃木竹雄：《手形法·小切手法》，有斐阁1992年版，第132页。

签章是为了表示自己的名称而完成的，但作为表示自己的名称，是否限于本名？日本票据法规定，签章不仅限于本名，也可以是通称、商号、雅号、艺名，甚至以其他人的名字或虚构人的名字作为表示自己的名称来适用也没关系。甚至应该解释为，票据债务人用他人或虚构人的名字作为自己的名称，假使最初适用时或在一般承认其是表示自己的情况下，票据债务人也承担票据债务。而且，惯用这种名称的人也是不能否定那是表示自己名称的。①《美国统一商法典》（简称 UCC）第 3—401 规定："签名……票据上之签名得用任何姓名为之，包括商业或职业名称，亦得用任何文字或符号以代替书写之签名"。我国《票据法》第 7 条第 3 项规定，"签名或盖章，均以本名为限"；《票据管理实施办法》第 76 条规定，"本名是指符合法律、行政法规以及国家有关规定身份证件上的姓名"；《最高人民法院关于审理票据纠纷案件若干问题的决定》第 41 条 1 项 4 款规定："出票人的签章，限于'在银行预留签章一致的签名或盖章'"。签名不符规定的，重者，票据无效；轻者，签名无效。这样的规定，对于在票据上签名的人（票据债务人），可算是极尽保护之能事，放眼全球，绝无仅有。② 如此规定，为的是保护票据签章人的利益，维护票据静的安全，但却以牺牲票据交易安全为代价，背离了商事立法维护交易安全的根本价值。

2. 出票方式的特殊性——基本票据

出票以外的票据行为，不能仅以其自身固有的方式决定其票

---

① ［日］前田庸：《手形法·小切手法》，有斐阁 2005 年版，第 56 页。
② 戴立宁：《论个人在票据上的签名》，《北大法律评论》2008 年第 1 期，第 165—186 页。

据的内容，而需与出票的记载事项共同决定。例如，背书人应该承担的债务的金额及其履行期，不能由背书固有的方式来决定，而是由出票的记载事项来决定。如此看来，对于背书，不仅要看背书的固有方式，还要看出票的方式。这样，出票的方式不仅是出票固有的方式，还是其他所有的票据债务负担行为的方式，如果欠缺其方式，就欠缺完成其票据上的所有的票据债务负担行为的方式，不能补充其成立要件。可见，依据出票做成的票据成为整个票据关系的基础，所以把其称为基本票据。基本票据不仅直接完成出票行为的内容，同时也完成票据上的所有的票据债务负担行为的内容。

（二）票据债务负担行为的实质要件

因票据债务负担行为是书面的意思表示，为了使票据债务负担行为成立，依据其有效的意思表示来完成是必要的。关于是否完成有效的意思表示，因票据法中没有特别的规定，原则上只有依据有关民法的意思表示来决定。但是，在与票据债务负担行为的特殊性不一致的情况下，必须对票据债务负担行为适用特有的理论。

1. 票据权利能力

关于票据债务负担行为，是否具备权利能力，即有无票据债务的主体资格是值得研究的问题。关于自然人当然承认票据权利能力。关于法人，公司自不用说，因公司以外的法人也可以进行金钱交易，所以，也可以进行作为其手段的票据行为，应承认其票据权利能力。对于法人进行其目的范围外的交易而产生的债务，进行票据债务负担行为时，即使认为法人目的范围外的行为无效，对法人的票据债务负担行为自身效力也不产生影响。

2. 票据行为能力

关于票据行为能力的有无一般只能依据有关民法的行为能力的规定来决定。如果对票据债务负担行为完全适用民法的行为能力的规定，缺乏对票据取得人的保护，侧重保护无行为能力人的权利。对于票据行为能力，我国只在《票据法》第 6 条作了规定，"无民事行为能力人或者限制行为能力人在票据上签章的，其签章无效，但是不影响其他签章的效力。"可见，自然人只有在具备完全行为能力的情况下，其在票据上的签章才有承担票据债务的效力。对于无民事行为能力人和限制民事行为能力人而言，他们在票据上的签章不具有法律效力，即他们是无票据行为能力人。

（1）无民事行为能力人

无民事行为能力人签章的效力，学界基本上没有分歧，都认为其没有法律效力，无民事行为能力人得以对任何人拒绝支付票据金。除此以外，日本有学者还认为醉酒人的票据签章行为也是无效的，"烂醉的人等无意思表示行为能力人——是没有判断行为结果的人，关于这些人的行为，民法中没有规定，但认为一般是无效的，关于票据债务负担行为也是如此，上述的人能够对任何人拒绝票据金的支付。"①

（2）限制民事行为能力人

对于限制民事行为能力人的签章效力，有三种不同的意见：一种意见持肯定态度，认为限制民事行为能力人在票据上的签章效力应依我国民法通则的规定，只要经过其法定代理人同意，其

---

① ［日］前田庸：《手形法·小切手法》，有斐阁 2005 年版，第 58 页。

实施的票据行为已无限制，应为有效。[1] 其理由在于，我国《票据法》第 6 条一概地将无民事行为能力人与限制行为能力人的签章归于无效，从其本意来说，似乎保护签章者的利益，但却危害票据的流通。另一种意见对限制民事行为能力人的签章效力持否定态度，认为限制民事行为能力人的票据行为，无论是否经过其法定代理人同意，一概无效。我国《票据法》第 6 条的规定就属于这种，将限制民事行为能力人在票据上等同于无民事行为能力人。[2] 第三种意见认为，限制民事行为能力人应该具有相应的票据行为能力，其签章的效力不应该全盘否定。限制民事行为能力人的票据行为与民事行为效力也不能简单等同，其签章视具体情况有不同效力。[3] 在日本，未成年人从法定代理人处获得营业时，其票据行为能力与民事行为能力也不完全相同。基于该营业范围所从事的行为，根据民法第 6 条第 1 项，未成年人有票据行为能力，能够有效地进行票据债务负担行为。但基于该营业范围外的交易产生的票据行为，若依据《民法》第 4 条第 2 项，未成年人未经法定代理人同意的票据债务负担行为应该能够取消。"但从保护票据交易安全的立场出发，关于票据债务负担行为只在一定范围内存在。对于法人营业范围外的交易产生的债务，与进行票据行为的情况相同，作为被取消的原因关系的情况来处理比较好，应认为对其票据债务负担行为自身的效力没有影响。"[4]

---

① 谢石松：《票据法的理论与实务》，中山大学出版社 1995 年版，第 36 页。
② 王小能：《中国票据法律制度研究》，北京大学出版社 1999 年版，第 46 页。
③ 赵燕芬：《我国自然人票据能力制度探讨》，《浙江学刊》2005 年第 5 期，第 154—158 页。
④ ［日］前田庸：《手形法·小切手法》，有斐阁 2005 年版，第 59 页。

　　本书赞同第三种意见，即限制民事行为能力人的票据签章应视具体情况有不同效力。限制民事行为能力人从事与其智力、年龄水平相适应的票据行为，该票据行为应该视为有效，其在票据上的签章有效；限制民事行为能力人从事与其年龄、智力不相适应的民事行为后所为票据行为，该票据行为若没有得到其法定代理人的同意，即使事后得到法定代理人追认，票据上的签章无效；若签章时得到其法定代理人同时签章，则该行为有效。① 从其他国家立法规定也可以看出，限制民事行为能力人的票据签章效力与其对该票据行为产生的原因关系的判断能力基本一致。如《香港票据条例》第 22 条第 1 款规定："当事人须对汇票负责之能力，应与其立约能力同样广大。"《英国票据法》第 22 条也规定，承担汇票当事人责任的能力与其缔约的能力是相适应的。我国台湾地区"民法"第 85 条规定，法定代理人允许限制行为能力人独立营业者，限制行为能力人，关于其营业，有行为能力。"因此，限制行为能力人在允许之营业范围内，当然得为票据行为。但逾越其营业范围外而为之者，仍为有效，惟当事人间得主张人之抗辩。"② 但是，民法上关于限制行为能力人民事行为的追认制度并不能当然地适用于票据行为，因为我国《票据法》第 4 条和第 20 条对于票据债务负担的规定均采取单方行为说，认为票据债务仅因出票人的意思而被创造。这样，票据行为一经作出，其效力即确定，即使事后经法定代理人承认，也不能因此生效。

---

　　① 赵燕芬：《我国自然人票据能力制度探讨》，《浙江学刊》2005 年第 5 期，第154—158 页。
　　② 梁宇贤：《票据法新论》，中国人民大学出版社 2004 年版，第 37 页。

3. 意思表示的瑕疵

（1）民法意思表示瑕疵的一般理论

我国《票据法》及整个商法体系中并没有对票据行为的意思表示作出任何规定，因此，按特别法与普通法的关系，票据行为的意思表示当然适用民法的有关规定。依照我国《民法通则》第58条第1款的规定，如果一方以欺诈、胁迫的手段或者乘人之危，使对方在违背真实意思的情况下所为的民事行为无效（第3项）。依照《合同法》第52条第2款规定，如果存在欺诈、胁迫、乘人之危的行为，可以作变更或撤销处理。在日本，根据《民法》第94条和第95条，虚伪表示及错误的意思表示无效；根据《民法》第96条，由于欺诈或强迫的意思表示能够取消。而且，因虚伪表示及欺诈的意思表示，其无效或取消不能对抗善意的第三人——立足于表示主义立场；由于错误或强迫的意思表示，其无效及取消能够对抗善意的第三人——立足于意思主义的规定。依《民法》第93条关于心理保留的意思表示是有效的，但对方明白其真正意思，而且依据过失在不知情的情况下被认为是无效的。

对于上述民法上意思表示的瑕疵、欠缺的相关规定能否原封不动地适用于票据债务负担行为，国内外学界存在着激烈的争论。

国内学界有变通适用说和否定说两种观点。变通适用说认为，民法上的意思表示真实也是票据行为的实质构成要件。民法中有关意思表示真实的规定，一般仍适用于票据行为。只是民法中有关意思表示瑕疵时所产生的民事法律行为无效或被撤销的规定，应根据票据的特殊性质变通后适用。即以欺诈、胁迫的手段

从事的票据行为，根据我国《票据法》第 12 条的规定，推断可
以适用民法的规定，在此情形下所为的票据行为无效。至于民法
中规定的显失公平的民事行为则不适用于票据行为。① 否定说认
为，对票据行为人的意思表示，应采用表示主义，即以行为的外
观来确定行为的效力。原则上讲，一票据行为只要在形式上符合
票据法的要求，就属有效行为，行为人应承担相应的票据义务，
不问其在为此行为时意思表示是否真实。即使存在导致票据行为
人意思表示不真实的情形时，只要这些行为在形式上符合票据法
的要求，行为人都应负相应的票据义务。②

　　国外学界的观点主要有修正适用说和适用排除说。

　　修正适用说认为，关于民法上意思表示的规定能否适用于票
据行为应作具体分析。该观点又分为个别修正说和一般修正说两
种：（1）个别修正说认为，立足于表示主义立场的规定，如虚
假表示、欺诈、心理保留，因为利于相对人而不利于表意人，可
以达到保护善意第三人的目的，所以这些规定可以直接适用于票
据行为。而立足于意思表示的规定，如错误、胁迫，不管相对方
或第三人善意与否，对所有的人都可以主张意思表示的无效或可
撤销，因此，只能将此规定适用于票据授受的直接当事人之间，
为保护善意第三人应对其作出修正，即债务人不能主张基于错
误、胁迫的票据行为无效或可撤销。另外，关于心理保留，民法
上当对方是恶意、过失的情况下是无效的，但为了票据交易对方
的保护，仅应在对方恶意、重大过失的情况下无效，有必要将存

---

　　① 董安生：《票据法》，中国人民大学出版社 2000 年版，第 58—59 页。
　　② 叶林、黎建飞：《票据法学原理与案例教程》，中国人民大学出版社 2006 年
版，第 433 页。

在过失的情况修正为并非无效。①（2）一般修正说认为，民法关于意思表示的规定是对具体当事人之间的法律关系所进行的规范，但是，像票据行为这种法律行为，行为人的意思表示是通过直接的票据授受人而传达到第三人，民法没有对行为人（票据出票人）与第三人之间的法律关系进行规定，所以民法的规定仅适用于票据行为的直接当事人，对其与票据的第三取得人之间的关系应作为人的抗辩问题来进行处理。②

适用排除说认为，民法关于意思表示的规定完全不适用于票据行为。该观点又可以分为创造说和二阶段创造说两种：（1）创造说认为，如果出票人认识到是票据而进行签章，即使存在意思表示的瑕疵或欠缺，票据行为通常仍有效成立。在票据的直接当事人之间以及对第三人的关系上，原因关系的无效、可撤销只成为人的抗辩问题。③（2）二阶段创造说认为，票据债务负担行为是单独行为，关于其成立与否，不考虑票据授受的主观情况——对方是否善意的情况。但是，如果对此票据债务负担行为适用关于虚伪表示或欺诈的民法规定，其成立与否由对方是否善意而左右，与创造说的立场相互矛盾。因此，从创造说的立场出发，民法依据表示主义的情况下，关于票据债务负担行为不适用民法的规定，必须建立特有的理论。④　但是，经签章而完成的

---

① 　［日］前田庸：《手形法·小切手法》，有斐阁 2005 年版，第 61 页。

② 　参见刘永光《论我国票据行为理论的构建——以出票行为为中心》，《厦门大学法律评论》（第十七辑），厦门大学出版社 2009 年版，第 277—296 页。

③ 　［日］高濑利一：《现代票据法·经济法令研究会》，1979 年，第 110 页。转引自刘永光《论我国票据行为理论的构建——以出票行为为中心》，《厦门大学法律评论》（第十七辑），厦门大学出版社 2009 年版，第 277—296 页。

④ 　［日］前田庸：《手形法·小切手法》，有斐阁 2005 年版，第 62 页。

票据权利移转行为属于契约关系，在这一权利转移阶段可以适用民法关于意思表示的规定。如果存在欺诈、错误等可撤销或无效事由，在票据的直接当事人之间不仅可以主张，而且可以对票据的直接当事人行使票据返还请求权。但是，签章人对善意第三人不能行使票据返还请求权，相反地，必须支付相应的票据价款。①

从上述学说来看，修正适用说从契约说或发行说立场出发，为保护善意第三人，对民法意思表示的适用根据不同情况采取不同标准，这种任意地修正适用条件是一种不负责任的态度。② 排除适用说从创造说或二阶段创造说立场出发，从保护票据交易安全的目的出发，在意思表示的瑕疵、欠缺时，不对票据债务负担行为适用民法的规定，而主张建立票据法特有的理论，这一理论构成简单明了，在结论上也更具有妥当性。

（2）票据债务负担行为中意思表示瑕疵的特殊理论

对于票据债务负担行为成立的意思表示要求，只需认识或应该认识开出的票据即足够，不管票据授受的对方是善意或恶意，都承认存在有效的意思表示，并且票据债务负担行为成立，作为有价证券的票据完成。③ 例如，假设应该记载票据金额为 10 万元时却误记为 100 万元并开出票据的情况下，若依民法规定，出票人的票据债务负担行为由于错误是无效的，因此，在不知道票据的开出存在错误的情况下，对票据权利人如果可以不承担出

---

① 转引自刘永光《论我国票据行为理论的构建——以出票行为为中心》，《厦门大学法律评论》（第十七辑），厦门大学出版社 2009 年版，第 277—296 页。

② 同上。

③ ［日］前田庸：《手形法·小切手法》，有斐阁 2005 年版，第 63 页。

人的义务，很明显是损害善意的票据取得人的利益的。因此，在上述事例中，出票人知道其做成票据并把票据金额记载为 100 万元的情况下，或即使不知道出票，不知道票据存在错误记载的情况下，即使实际上打算记载 10 万元，却记载 100 万元，也要对 100 万元承担票据上的债务。因此，在票据法中几乎不存在由于错误、强迫等意思表示瑕疵的原因承不承担票据债务的问题。

（3）意思表示瑕疵时票据受让方的地位

上述事例中，A 将 10 万元的出票金额错误地记载为 100 万元，只要其认识到或应该认识到这种记载，100 万元的票据债务负担就成立。问题是对于从 A 处受让票据的 B，能否对 A 请求 100 万元的票据金。

从创造说的立场出发，出票人 A 与票据授受的对方 B 的关系是票据权利转移行为的问题。关于票据权利转移行为适用民法的意思表示的瑕疵的相关规定。依我国《民法通则》第 59 条第 1 款的规定，A、B 间的行为内容有重大误解，属于可变更可撤销的行为，在票据的直接当事人之间不仅可以主张，而且可以对票据的直接当事人行使票据返还请求权。按日本《民法》第 95 条有关错误的规定，A、B 间的票据权利转移行为无论 B 是善意还是恶意都是无效的，B 不能取得票据上的权利，因此，对 A 也不能行使票据权利。当 B 再向第三人转让票据时，为保护善意第三人，适用善意取得制度治愈票据移转行为所存在的瑕疵，对于善意且无重大过失的受让人，可以取得票据权利。

另外，在 A 应该对 B 交付 10 万元票据却交付 100 万元票据的情况下，即使 B 不能请求支付这 100 万元，仍可就 10 万元行使票据上的权利。在这种情况下，票据权利转移行为的瑕疵，只存在于超出 10 万元的部分。①

二　票据行为无因性之表征：票据行为基础关系的剥离

诚如前所述，票据行为基础关系由票据原因关系、票据资金关系、票据预约关系等三方面内容构成，有的著述将之称为非票据关系。系指票据行为抑或票据关系籍以生成的民事基础法律关系。票据行为无因性理论的经典论述就在于票据关系与票据基础关系的分离，票据基础关系是票据关系生成的重要基石，但票据关系一旦生成，票据基础关系即与其发生割裂，票据关系的效力原则上将不再受票据基础关系的影响。

（一）票据原因关系

所谓票据原因关系，系指票据行为、票据权利义务、票据关系生成的原因关系。在票据流转实践中，票据的签发与背书转让、承兑人承兑、付款人付款，在法律上均是存在原因支撑的。学界基于是否存在支付对价，将票据原因关系划分为两种类型：其一，有偿的票据原因关系。如签发、给付票据的原因系为买卖合同、租赁合同的，买卖合同、租赁合同等即为引起票据关系的有偿的原因关系。我国《票据法》第 10 条规定："票据的签发、取得和转让，应当遵循诚实信用的原则，具有真实的交易关系和债权债务关系。票的取得，必须给付对价，即应当给付票据双方当事人认可的相对应的代价"。其二，无偿的票据原因关系。如通过赠与、继承、公司合并、分立、公司清算等引起的票据关系发生的情形，其中，赠与、继承、公司合并、分立、公司清算

---

① ［日］前田庸：《手形法·小切手法》，有斐阁 2005 年版，第 65 页。

等即为无偿的票据原因关系。

1. 票据原因关系与票据关系的割裂

基于票据行为无因性理论，票据原因关系与票据关系原则上是割裂的，票据关系不受票据原因关系是否存在瑕疵与否的影响，二者之间的纽带关系自票据行为成立、生效之日起即自行发生断裂，具体表现在如下方面：其一，票据原因关系存在瑕疵，如买卖合同无效、被撤销、被解除的，并不会影响到已经签发或转让的票据之效力，不会对票据关系产生不利影响，票据债务人的票据义务、持票人的票据权利均处正常状态；其二，在票据签发实践中，"即使票据上记载的内容与票据原因关系的内容不一致或者不完全一致，票据关系中的权利义务内容仍应当按照票据文义决定，而不能以票据外的事实来改变票据关系的内容"[①]；其三，在票据背书转让实践中，只要票据背书具有连续性，符合票据法关于票据背书转让的条件，票据债务人无权审查票据原因关系，票据权利人也无义务证明票据原因关系的有效性。

2. 票据原因关系与票据关系的牵连

票据行为无因性作为票据理论的核心与基石，原则上要求票据原因关系与票据关系割裂与分离，但并非二者之间绝对不发生影响，各国立法者大都规定在一定条件下，票据关系要受到票据原因关系的影响，具体表现在如下方面：其一，在持票人与其前手之间，票据关系将受到票据原因关系效力状态的直接影响。我国《票据法》第 13 条规定："票据债务人不得以自己与出票人或者与持票人的前手之间的抗辩事由，对抗持票人。但是，持票

---

① 王小能：《票据法教程》，北京大学出版社 2001 年版，第 94 页。

人明知存在抗辩事由而取得票据的除外。票据债务人可以对不履
行约定义务的与自己有直接债权债务关系的持票人，进行抗
辩……"其二，原则上，票据关系的生效要基于有偿的票据原因
关系，即票据关系的发生要存在相应对价，只有对于继承、赠与
等票据原因关系等无偿票据原因关系没有此种限制。我国《票
据法》第 10 条规定："票据的签发、取得和转让，应当遵循诚
实信用的原则，具有真实的交易关系和债权债务关系。票据的取
得，必须给付对价，即应当给付票据双方当事人认可的相对应的
代价。"我国《票据法》第 11 条规定："因税收、继承、赠与可
以依法无偿取得票据的，不受给付对价的限制。但是，所享有的
票据权利不得优于其前手的权利。前手是指在票据签章人或者持
票人之前签章的其他票据债务人"。其三，票据原因关系不合法
将会影响票据关系的效力。我国《票据法》第 12 条规定："以
欺诈、偷盗或者胁迫等手段取得票据的，或者明知有前列情形，
出于恶意取得票据的，不得享有票据权利。持票人因重大过失取
得不符合本法规定的票据的，也不得享有票据权利。"

（二）票据资金关系

票据资金关系是指"发生于发票人与付款人之间、发票人
与承兑人或保付人之间的一种基础关系，又称'票据资金'。票
据资金的义务人通常是发票人，但发票人受第三人委托而发票
（委托汇票、委托支票）者，该第三人（委托人）为资金义务
人。在票据资金关系上，必须发票人与付款人不具有同一法律资
格。汇票与支票，其发票人与付款人不具有同一法律资格，故票
据资金关系能发生于两者之间。但本票则不然，其发票人即是付

款人，两者具有同一法律资格。"① 简言之，票据资金关系就是出票人与付款人之间的委托付款关系。与票据原因关系相似，票据资金关系与票据关系也存在着割裂与牵连，即原则上，票据资金关系不对票据关系具有任何影响，但在一定条件下，票据关系的效力将会受到票据资金关系的牵连。

1. 票据资金关系与票据关系的割裂

与票据原因关系一样，票据资金关系系为票据基础关系的一种，基于票据行为无因性原则，票据资金关系与票据关系是相互割裂的，具体体现在如下方面：其一，基于票据行为产生的票据关系，持票人及其票据权利人对于付款人所享有的付款请求权，抑或追索权系为基于票据关系产生的票据权利，而非基于资金给付关系中的民事请求权，票据权利与基于资金关系而产生的民事请求权在权利性质上是有本质区别的。其二，在票据关系实践中，即使在出票人与付款人之间的票据资金关系不成立或存在其他瑕疵，但持票人基于票据法之规定凭借手中所持票据仍可行使票据权利；其三，在票据法律关系中，付款人并非票据债务人，如果付款人拒绝付款，持票人只能行使追索权，而不能追究付款人之票据责任，主要原因即在于付款人与出票人之间的关系系为民法上的票据资金关系，而非票据关系；其四，在付款人拒绝付款时，持票人对出票人行使票据追索权的，出票人应基于票据义务而予以偿付，而不能基于票据资金关系对追索权人予以抗辩；其五，在票据法律关系中，即使出票人未能依约缴纳足额的资金，付款人也不能以此来作为拒绝对持票人付款的正当理由。遗

---

① 覃有土、李贵连：《票据法全书》，中国检察出版社 1994 年版，第 31 页。

憾的是，我国票据法并未将票据资金关系与票据关系予以严格界分。我国《票据法》第21条规定："……汇票的出票人必须与付款人具有真实的委托付款关系，并且具有支付汇票金额的可靠资金来源"。第83条规定："……开立支票存款账户和领用支票，应当有可靠的资信，并存入一定的资金"。

2. 票据资金关系与票据关系的牵连

综观各国票据立法可知，立法者对于票据资金关系并非绝对地独立于票据关系而存在，而是在原则上肯定票据资金关系与票据关系的割裂，例外地承认二者之间在某些情形下具有一定的牵连性，具体表现在如下方面：其一，"在已承兑的汇票中，虽然汇票承兑人不能以其与出票人之间资金关系方面的事由对抗持票人，但当出票人作为持票人向其主张权利时，该承兑人即可以此为由进行抗辩"①。其二，"在支票关系中，如果出票人与付款人欠缺资金关系，持票人的付款请求权就有可能得不到实现；而支票的付款人在出票人的存款数额内或者他们之间所订立的信用合同约定的数额内，一般都有付款责任。"②

（三）票据预约关系

毋庸置疑，票据原因关系是票据关系产生的重要基础，然而，仅存在在票据原因关系尚不能导致、引发票据关系的发生，还需依赖票据资金关系与票据预约关系的相互协调。所谓票据预约关系，是指票据当事人之间就票据行为的成立，即票据种类、票据金额、票据到期日等票据事项的选择达成了相互一致的意思

---

① 王小能：《票据法教程》，北京大学出版社2001年版，第102页。
② 同上。

表示。与前述票据原因关系、票据资金关系相仿，票据预约关系与票据关系之间也存在割裂与牵连两层关系。

1. 票据预约关系与票据关系的割裂

基于票据无因性原则，票据预约关系与票据关系原则上是存在割裂关系的，具体体现在如下方面：其一，如前所述，票据行为的生效要件需要满足票据法规定的相应要件即可，票据预约关系是否存在瑕疵在所不问。申言之，"即使没有票据预约或者票据预约无效、被撤销，只要出票或者背书行为符合票据法的规定，凭此产生的票据关系仍然能产生相应的法律效力"①。其二，基于票据文义性，票据上记载的金额、付款日等信息即使与票据预约关系存在较大差异，但票据关系的内容仍然具有票据法上的法律效力，票据权利义务以票据上所表征的内容为准。其三，与票据资金关系不同，票据预约关系是债权债务当事人之间的法律关系的延续，其目的在于付款义务的实现，这就决定了一旦票据预约关系成立，继而票据行为生效，票据预约关系即宣告彻底消灭。

2. 票据预约关系与票据关系的牵连

相较票据原因关系、票据资金关系而言，票据预约关系与票据关系的牵连显得相对较为简单，这种牵连关系只发生在票据关系直接当事人之间，申言之，票据持有者行使票据权利时，持票人的前手可以基于其与持票人之间的票据预约关系存在瑕疵来予以抗辩。我国《票据法》第13条规定："票据债务人不得以自己与出票人或者与持票人的前手之间的抗辩事由，对抗持票人。

①　王小能：《票据法教程》，北京大学出版社2001年版，第104页。

但是，持票人明知存在抗辩事由而取得票据的除外。票据债务人可以对不履行约定义务的与自己有直接债权债务关系的持票人，进行抗辩。本法所称抗辩，是指票据债务人根据本法规定对票据债权人拒绝履行义务的行为。"

第三章 票据行为二阶段说之下的无因性效力界定

票据的流通功能为立法者与实践者之所以对其青睐有加的重要筹码,票据行为无因性的确立能够更好地辅助票据流通功能的实现。票据无因性使票据债权得与原因债权分离而让与,但在直接当事人之间作用有限,主要发生举证责任转换的效果。对于二者之间何者为因何者为果,学界颇有争论。对于票据抗辩制度的理论基础,除了票据行为无因性理论外,有的学者将视角投向了票据的记名证券性、权利外观和意思表示等。对于票据无因性的效力范围,学界普遍认为,除了票据抗辩切断,还包括如下内容:其一,票据关系与原因关系相分离。票据一旦做成,即不受原因关系影响,原因关系无效或被撤销,不影响票据行为的效力。其二,持票人不负证明给付原因的责任。但是,不可否认的是:票据无因性是票据抗辩切断制度重要的理论基础,票据抗辩切断制度是无因性的重要体现。票据抗辩切断限于人的抗辩,人的抗辩的范围在不同的票据抗辩分类方法中有所不同。对于票据抗辩的分类，学者根据不同的标准，提出了二分法、三分法和四分法。但这些分类方法都存在着一些不足。传统的二分法存在着很多不能归类的问题，例如对无权代理的抗辩、欠缺票据行为能力的抗辩无法合理定位，持票人欠缺形式上受领票据金额资格的抗辩定位错误等。董惠江教授的三分法之间在逻辑结构上并不是并列关系，而是存在着从属关系，违反了逻辑分类的一般规则。庄子良男以票据理论为分类基础，对票据抗辩进行分类，具有实质性的进步。

票据理论通过确定票据债务承担行为与票据权利转移行为的法律要件，来提供决定票据抗辩的法的性质的基础。为了通过实施关于票据抗辩的法的性质与法律后果没有矛盾的解释，来确保票据交易的法律基础，其逻辑性前提的票据理论自身的一贯的理论构成是必要的。但在目前票据理论的研究中存在一些问题：其一，认为应根据票据行为的种类来采用不同的票据理论，因此在决定票据抗辩的性质上带来了混乱的结果；其二，认为在应该决定票据抗辩的法的性质的阶段中，没有用票据理论的一贯适用来决定，而是根据票据理论来划分人的抗辩与物的抗辩的边界是不可能的，认为对于该抗辩应该通过比较衡量票据债务人与票据债权人的利益轻重来决定，这些都明显让票据理论的意义倒退了。在日本票据法学说中也存在重视票据理论与票据抗辩理论的逻辑性关联的小桥一郎教授的契约说的观点，及前田庸教授的二阶段行为说的观点，但是在这些立场中，票据理论自身也存在欠缺一贯性的部分，所以票据抗辩理论的一贯展开还没有达到。关于人的抗辩限制的理论基础，以及交付契约欠缺的抗辩是否成为物的抗辩的问题，是研究票据理论的中心课题。票据无因性理论主要解决权利移转行为有因、无因的问题。即在原因关系无效、消灭等场合，原因关系瑕疵的抗辩是无权利抗辩还是人的抗辩。在票据行为二阶段说中，因为将票据移转行为作为票据行为的独立构成部分的有因行为，所以原因关系瑕疵的抗辩被视为是无权利抗辩，这样就从传统的人的抗辩中独立出来。在其他学说中，因为将票据行为作为无因行为，所以原因关系瑕疵的抗辩是人的抗辩。无权利的抗辩在此之前一直被认为是一种广义的人的抗辩，在票据行为二阶段说的立场上始终成为独立范畴的抗辩。申言之，在传统的票据理论，即传统的发行说或契约说中，对于欠缺交付契约的抗辩，没有区分有效性的抗辩与无效性的抗辩，而是将其含混地作为一种没有矛盾的抗辩来解释，忽略了票据理论与票据抗辩理论之间的所具有的逻辑性关联性。建立在票据行为二阶段说基础之上的无因性，基于票据权利移转行为有因论，从人的抗辩中分离出无权利抗辩，限缩了传统票据行为无因性的效力范围，为后手抗辩和二重无权抗辩等提供了更富有解释力的理论依据，并能有效地界分票据行为无因性与票据行为独立性和善意取得等相近制度的关系。

第一节 票据行为无因性的效力范围概说

票据行为无因性的效力在直接当事人之间主要表现为举证责任倒置；在间接当事人之间主要表现为人的抗辩限制。

一 及于直接当事人之间的主要效力——举证责任倒置

在授受票据的当事人之间，票据债权人对票据债务人进行票据请求时，票据债务人可以直接通过基于授受票据的原因关系的抗辩来进行对抗。票据无因性的意义在于，票据上的法律关系脱离原因关系而独立存在，那么，若在授受票据的当事人之间承认票据的无因性，面对票据的请求时，该怎样把原因关系上的事由作为抗辩提出来。在德国，通常认为是不当得利的抗辩。存在基于原因关系的抗辩时，即使票据债务人履行票据债务，也可以把给付作为不当得利而请求返还。或者，还有见解认为是恶意抗辩。① 从票据权利的原因关系中独立出来，只不过是原因关系当事人之间在诉讼上的现象，在与票据的第三取得人之间，形成了实体法上的问题，在原因关系的当事人之间，票据债权就是另一种形式的原因关系上的债权。②

在授受票据的当事人之间，当票据债权人进行票据上的请求时，无须主张举证原因，这一点不只是单纯的诉讼上或证据法上的问题。在无须主张举证原因时，必有一定理由，这个理由必须从"票据上的法律关系是从原因关系中独立出来而存在"中谋求。票据关系是独立存在的，无须主张举证原因就可以主张票据关系自身。但是，票据上的法律关系，在授受票据的当事人之间，是作为两者之间具体的交易关系的一部分而形成的。在此，认为票据的授受是与原因关系相关联的。票据上的法律关系是独自存在的，但是对于票据上的请求可以通过基于原因关系的抗辩来进行对抗。也可以称之为不当得利的抗辩。但是如果要把通过基于原因关系的抗辩称为不当得利的抗辩，就必须承认票据关系

---

① ［日］小桥一郎：《商法論集Ⅱ·商行为·手形（1）》，成文堂1983年版，第258页。

② 同上。

和原因关系的关联性。另外，在授受票据的当事人之间，不能把由于原因关系而产生的票据上的权利，作为原因关系上的权利来行使，但若那样做，在当事人之间就会认为是违背信义，同时认为采取相关态度的票据债权人是恶意的，因此，也可能把居于原因关系的抗辩理解成为恶意的抗辩。但是，在这种情况下，必须以票据关系和原因关系在具体交易关系中的关联性作为前提。

在授受票据的当事人之间，无须主张举证原因就可以进行票据上的请求，一般认为这是票据无因性的一个功能，也是票据无因性在票据直接当事人之间最主要的功能。正如陈自强先生所言，"无因性原则虽为票据法重要之原则，但其射程距离，并非无远弗届：对促进票据之流通而言，票据无因性使票据债权得与原因债权分离而让与；于直接当事人间之关系而言，无因性之效果极其有限，债权人既无法依票据债权之无因性，排除债务人以基础关系所生之抗辩对抗票据请求。基于内在无因性导致之举证责任转换之效果，事实上，为无因性原则在直接当事人间所生之最主要效果。"[1] 作为其原因，必须承认票据上的法律关系是票据上的意思关系。但能否把这一点作为票据所特有的性质是一个问题。小桥一郎认为，票据的无因性在授受票据的当事人之间的作用是票据关系独立性的无因性所起的作用。[2] 这种作用是否在所有的有因证券中都有不同的作用是与怎样理解票据关系和有因证券中的原因关系的关系相关的。实际上，在证券上的法律关系的独立性这一点中，票据这种无因证券和有因证券之间没有本质

---

① 陈自强：《无因债权契约论》，中国政法大学出版社 2002 年版，第 14 页。

② ［日］小桥一郎：《商法論集 II·商行为·手形（1）》，成文堂 1983 年版，第 260 页。

的差异，因此，与有因证券相对的票据关系内容的无因性，在上述的功能中并没有实质的意义。

二　及于非直接当事人之间的主要效力——人的抗辩限制

票据无因性在非直接当事人之间的效力主要集中于票据无因性与票据抗辩限制的关系问题上。票据无因性和票据抗辩限制均是以确保票据流通和保护票据取得人为目的的制度。那么，票据的无因性和限制票据抗辩的法则之间到底有怎样的关系呢？票据的无因性是根据法律承认票据抗辩限制的结果的表现，还是限制票据抗辩制度的根据呢？有学说认为，"票据抗辩限制本身，与票据之无因性无直接关系，至少，票据无因性原则非该规定之指导思想"①，但通说认为，票据抗辩限制制度以无因性为其理论基础，也是票据无因性在非直接当事人之间的主要效力所在。日本学者小桥一郎认为，"限制票据抗辩的法则，虽然不能单纯地以'票据上的法律关系是从原因关系中独立出来而存在'作为根据，但是以此为前提，可以通过和票据的记名证券性的相互作用而成为限制票据抗辩的法则的根据。如果没有票据上的法律关系的独立存在，票据的记名证券性也就失去了意义。所以，可以说在票据关系独立性意义上的票据的无因性，是限制票据抗辩的法则的一个重要根据。"② 赵新华教授认为，票据抗辩的制度基础包括三方面，其中之一就是票据关系的相对无因性。③ 同时，

---

①　陈自强：《无因债权契约论》，中国政法大学出版社 2002 年版，第149—150 页。

②　［日］小桥一郎：《商法論集Ⅱ·商行为·手形（1）》，成文堂 1983 年版，第 261 页。

③　票据抗辩切断的另外两个理论基础是权利外观和意思表示。

票据无因性的作用主要表现为对票据义务人抗辩的限制，也就是发生抗辩切断。[1] 他从票据行为的无因性是一种相对的无因性出发，认为在票据的直接当事人之间仍存在着原因关系及因此而引起的有因抗辩，没有直接原因关系的票据当事人之间，不能以前手的原因关系提出抗辩。[2]《日内瓦统一票据法》的立法者认为抗辩切断和善意取得是保护流通的手段，也是无因性的体现。[3] 于莹教授认为，"依我国票据法学界的通说，票据无因性原则在票据法上的一个重要体现或曰一个重要作用就是阻隔了票据债务人对票据债权人的抗辩，使票据债务人不得以基础原因关系所生的抗辩对抗持票人，即所谓的抗辩切断。无因性原则还体现在票据关系与其基础关系中的原因关系的相互关系中。"[4] 我国台湾地区学者张宇贤认为，票据无因性效力有三，其中处于第一位的效力即是票据抗辩切断。[5] 汪世虎教授认为，票据行为无因性主要表现在三个方面，其中之一为"票据债务人不得以原因关系对抗善意第三人。票据的原因关系与票据行为相分离，使得票据

---

① 赵新华：《票据法》，人民法院出版社 1999 年版，第 38 页。

② 赵新华：《票据法问题研究》，法律出版社 2002 年版，第 49—51、60—68 页。

③ Baumbach/Hefermehl/Casper. Wechselgesetz Scheckgesetz Recht der Karten‐gestützten Zahlungen. 23 Aufl. München Verlag C. H. Beck，2008，s. 56. 转引自于莹《论票据的无因性原则及其相对性——票据无因性原则"射程距离"之思考》，《吉林大学学报》2003 年第 4 期，第 102—107 页。

④ 于莹：《论票据的无因性原则及其相对性——票据无因性原则"射程距离"之思考》，《吉林大学学报》，2003（4）：102—107。

⑤ 张宇贤认为，票据无因性效力有以下三个方面："1. 票据行为既属无因性，故票据为无因证券。因此票据债务人不得以自己与发票人或执票人之前手间所存抗辩之事由，对抗执票人。但执票人取得票据出于恶意者，不在此限。2. 原因关系毋庸举证，至票据本身是否真正，即是否发票人所做成，仍应由执票人负举证之责。3. 票据直接当事人间，仍有原因关系抗辩之问题，宜注意之。"参见张宇贤《票据法新论（修订新版）》，中国人民大学出版社 2004 年版，第 32 页。

债务人的抗辩受到一定的限制，即票据债务人只能对有原因关系的持票人依原因关系上的事由，提出一般抗辩，而不得以自己与出票人或持票人的前手所存在的原因关系上的事由，来对抗持票人。"①

票据行为无因性的主要效力在于票据抗辩的限制，不仅如此，不同票据理论下的无因性对票据抗辩分类有着决定性的影响。无因性理论主要解决权利移转行为有因、无因的问题。即在原因关系无效、消灭等场合，原因关系瑕疵的抗辩是无权利抗辩，还是人的抗辩。② 依票据行为二阶段说，票据移转行为为有因行为，所以有关原因关系瑕疵的抗辩，包括后手抗辩、二重无权抗辩等皆是无权利抗辩，不适用抗辩限制法则。依其他票据理论，票据行为被视为无因行为，所以原因关系瑕疵的抗辩属于人的抗辩，适用抗辩限制法则。

第二节　票据行为二阶段说对无因性效力范围的重塑

票据抗辩是票据债务人能够拒绝持票人票据金支付请求的权利。票据背书被看作是特殊的债权转让，对于民法上的债权转让，依据罗马法有关任何人不得转移自己所不拥有的权利这一原

---

① 另外两个效力是：（1）票据行为的效力独立存在。指票据行为一旦完成，即与其原因关系分离，不再受原因关系的影响，即使原因关系无效或被撤销，票据行为仍然有效。（2）持票人不负证明给付原因的责任。由于票据行为的效力独立存在，作为持票人无须证明原因关系上债务的成立与存续，只需证明票据债务的成立与存续，即可对票据债务人行使票据权利。参见汪世虎《论票据行为的无因性》，《海南大学学报》（人文社会科学版）2003 年第 3 期，第 337—442 页。

② 郑宇：《票据抗辩理论研究》，博士学位论文，吉林大学，2008 年，第 89—90 页。

则，当债权被转让给受让人时不失去其同一性，所以原则上，票据债务人能够以对抗债权人的抗辩事由对抗债权人的受让人。但是，各国票据法为了强化票据流通，设立了抗辩限制（切断）的制度。从实际交易的必要性来看，无论是票据学说还是票据立法很早就承认票据抗辩制度的原则。这样，票据法理论上的抗辩限制制度与罗马法律的基本原则相对立。18 世纪以来，票据抗辩限制原则的理论根据成为学理上争论的焦点，债权人为了给固有的权利寻找理论基础，甚至创造出各种各样的理论（票据理论）。

票据行为无因性效力主要体现为人的抗辩限制，但在票据法上，不是所有的票据抗辩都存在限制，票据抗辩区分为能够被限制的抗辩（人的抗辩）和不能被限制的抗辩（人的抗辩之外的抗辩）两类。在不同的票据理论之下，票据债务负担的构成要件不同，从而导致票据权利行使的前提要件也不同。这样，票据理论及在其下产生的无因性理论对每一类抗辩的所属事由产生重大影响。[①] 依据不同的票据理论，人的抗辩的范围有所不同。

一　人的抗辩特点厘定

（一）人的抗辩的属人性

根据票据行为的无因性，为了谋求票据授受的直接当事人之间的具体的合理性，原因关系欠缺的抗辩和原因关系上的抗辩等，是在特定的当事人之间被承认的抗辩（不是附着在票据上的抗辩），而不能把这种抗辩当作票据受让人依背书而继承的抗

---

① 郑宇:《票据抗辩理论研究》，博士学位论文，吉林大学，2007 年，第 88 页。

辩，并且这种人的抗辩仅仅是当事人可以主张的抗辩。因此，某个票据债务人不能援引别的票据债务人持有的人的抗辩。例如，甲给乙开出了汇票，但是欠缺原因关系，乙把汇票背书转让给了恶意的丙。首先，即使在这样的情况下，对于乙担保责任也是成立的。因为乙背书签名这一票据行为，作为负担票据债务的单独行为，其有效成立，与丙主观上是否恶意无关系。在丙之后，如果考虑到善意的人受让票据，有必要使乙的票据债务有效成立。在这种情况下，甲可以对于丙的票据金请求主张恶意抗辩，但乙不能援引甲对于丙的人的抗辩。在乙、丙之间的实质关系中，基于丙的关系来确认乙的担保责任，只要乙、丙之间实质关系没有问题，乙就不能够拒绝丙的请求。也就是说，是乙、丙之间的实质关系问题决定了乙的担保责任，而与丙的恶意没有直接的关系。即使丙是恶意的，当丙对乙有原因关系上的债权时，丙对乙的票据上的请求也被承认。

在背书中，当原因关系欠缺时，汇票的出票人是否可以援引背书人对于被背书人的原因关系欠缺的抗辩？也就是所谓的后手的抗辩问题。如果把背书看成是一种交付合同，并且依传统无因性观点，像这样的所谓的原因关系欠缺的人的抗辩，是票据授受的当事人之间的问题，票据出票人是不能援引背书人的抗辩的。可是，在二阶段创造说中，背书也被解释为是由二阶段的行为而成立的（一是票据债务承担行为，二是票据权利转让行为）。这种权利转移行为的交付契约，被解释成了有因的行为。因此，在这种背书的原因关系欠缺的情况下，作为票据持有人的被背书人，实质上是无权利人。因此，作为票据的出票人，对于作为持有人的被背书人的票据金请求，应提出无权利人的抗辩并拒绝支付。

　　这一点是票据法的政策性的基础理论，在相互独立的票据债务承担行为中，即使根据民法是无效的或被取消的情况，在票据法上也能有效地成立；与物的抗辩相反，对于那种在流通性上没有保护价值的人，可以解释为人的抗辩。因此，人的抗辩是被行为人（实施了各种各样票据债务承担行为的人）所承认的属人性的抗辩。所以，在以背书这一方法转让票据时，票据债权和人的抗辩是相互独立存在的，被转让的票据上的债权是没有附着人的抗辩的。而且，在那种无流通保护价值的情况下，比如期后背书，只承认其指名债权转让的效果。

　　（二）人的抗辩的个别性

　　在人的抗辩中，有各种各样的形态。在人的抗辩中，即使依据法理及民法的规定，法律行为存在不成立、无效或取消等事由时，票据债务负担行为也不适用民法的相关规定（如果票据债务负担行为适用民法的规定，票据债权就不成立了，而成为所有票据债务人都可以主张的物的抗辩事由。但票据债务负担行为排除了民法的适用，让票据债务负担行为有效地成立）。与其相反，对于那种不值得为票据流通而保护的人来说，则承认这样的抗辩。因此，人的抗辩是在不值得特定的流通保护的人和票据（债务承担）行为人之间被承认的抗辩，是与作为证券的票据相切断而存在的。因此，无流通保护价值的特定的人，在请求票据金的情况下，特定的票据债务人可以主张的是人的抗辩，票据即使被背书转让了，也不是与票据同时被继承的（属人性）。可是，在甲、乙之间缺少原因关系的情况下，乙背书转让给丙，如果丙知道甲、乙之间欠缺原因关系，甲可以基于丙的恶意进行抗辩。人的抗辩既然不能被继承，那么为什么这样的恶意抗辩却被承认呢？

根据恶意说，被背书人丙在知道甲对背书人乙有人的抗辩而依背书接受票据的情况下，丙如果自己取得了票据，甲只能对丙主张抗辩（人的抗辩），丙是明知道甲会被危害而取得票据的人。也就是说，丙成了"知道危害"的取得人。知道人的抗辩的存在（恶意）这一事情，是与"知道危害"相联系的。因此，恶意的抗辩，是以"知道其危害而取得"这件事为要件而被承认的抗辩，是与甲、乙之间的人的抗辩不同的、分别的人的抗辩（人的抗辩的个别性）。

二　人的票据抗辩限制的理论基础

尽管各国（地区）及票据法国际公约都规定了票据抗辩限制制度，但对其理论依据尚存在分歧，学者间主要有四种不同观点。第一种观点为所有权取得说，该说认为，票据行为系对不特定多数人的单方行为，各持票人分别独立原始取得票据权利，故持票人无承受前手人的抗辩的余地，票据抗辩的限制乃当然之法理。第二种观点为政策说，该说认为，票据债权虽与原因债权各自独立发生，但应与普通指名债权一样，受让人应承受前手权利的瑕疵，即票据债务人所能对抗让与人的事由都能对抗受让人，故票据法设定票据限制制度只能是基于政策上的考虑。第三种观点为票据债权性质说，该观点认为，票据抗辩的限制由票据债权的流通性所决定，既然以民事债权为基础的票据债权具有流通性，那么以民法抗辩为基础的票据抗辩就应是限制性的。因此，票据债权的流通性决定了对票据抗辩的限制，而由票据债权的流通性所引申出的票据债权的无因性理论则构成了票据抗辩限制的理论依据。[1] 第四种观点为权利外观理论，这也是目前的通说。[2] Jacobi 认为，相对的抗辩即是人的抗辩，并且在权利外观法理的适用中寻求抗辩限制的理论根据。[3] 在通常的权利外观理论中，把保护事由和举证责任看成是不同的。基于无因性，与原因关系相分离的，独立成立的票据债权被转让的时候，抗辩因权利外观理论而被切断。可是，从属人性说来看，转让这种票据债权时，个别的人的抗辩也随之一起转让了。在这一点上，权利外观理论无法解释人的抗辩的切断。

　　本书赞同第三种观点，认为由票据债权的流通性所引申出来的票据债权的无因理论是票据抗辩限制的依据。在 19 世纪德国的票据法中，无因性就是作为基于原因关系的抗辩限制的根据而起作用，认为能够促进票据流通。关于票据的转让，与民法的指名债权一样，什么人都不会转让自己的既得权利，所以，人的抗辩也当然地被票据的受让人所继承。但是，为了保护善意的受让人，人的抗辩才被切断了。如果这样理解，即使作为实体法的解释论也存在疑问。在民法上，除了指名债权[4]以外，还有记名债权、无记名债权。票据作为记名债权被背书转让的情况下，与票

---

　　[1]　汪世虎：《票据法律制度比较研究》，法律出版社 2003 年版，第 319—320 页；赵新华：《票据法问题研究》，法律出版社 2002 年版，第 6 页。

　　[2]　［日］川村正幸：《基礎理論手形·小切手法》（第二版），东京法研出版社 2007 年版，第 143 页。

　　[3]　郑宇：《票据新抗辩理论评介》，《当代法学》2009 年第 3 期，第 86—92 页。

　　[4]　指名债权是指债权人特定的普通债权，与证券债权不同，其债权成立、存续、行使、转让不以附有证书也就是证券为必要，拥有证书不过是单纯的证明方法。引自董惠江《票据利益返还请求权制度研究》，《中国法学》2001 年第 2 期，第 112—122 页。

据法相反，不适用一般法的指名债权的规定，而适用记名债权转让的规定。对于记名债权，法律规定即使以证书上记载，以及以证书的性质能够对抗全部的债权受让人（物的抗辩），也无法以其他的事项对抗善意受让人。也就是说，如果说成是特别地保护善意的受让人，在记名债权的阶段就已经确定了。可是，在票据法中规定，对于票据持有人的前手的基于人的关系的抗辩，只能对抗票据持有人的前手。在民法的记名债权中，关于物的抗辩以外的抗辩，认为是为了保护直接当事人之外的善意人，作为票据法保护受让人的原则，不保护作为例外的恶意的受让人。这样，与民法的记名债权规定不同的票据法的规定，可以理解为把票据看作是在票据的授受当事人之间的无因的证券。也就是说，如果票据的无因性在票据授受当事人之间也被承认，票据就是与原因关系相独立的债权债务，这种票据债权的受让人就可以取得与原因关系相切断的票据债权。这样，在票据授受的直接当事人之间，票据上的权利（被票据证券表现的）和人的抗辩（在该当事人之间存在着）已经被切断了，依票据法上的背书转让方法，只转让票据（被体现在票据上的债权），而不转移人的抗辩。

在人的抗辩切断说中，也有如下的实际性问题，如回头背书的情形。例如，甲给乙开出了期票，可是在原因关系欠缺的情况下，乙背书转让给了丙（善意），丙回头背书给乙。在这样的情况下，在切断说中，在由乙向善意的丙的背书转让中，如果看作是甲、乙之间的人的抗辩被切断了，乙就能够从丙那里取得没有附着人的抗辩的票据上的债权。若是这样，乙就不接受甲的抗辩的对抗，就可以请求票据上的债权，这实质上是不当的。在这种情况中，甲、乙之间的人的抗辩被切断了，在下面的情况中就会存在问题。也就是，还是甲给乙开出汇票（欠缺原因关系），通过乙背书转让给了恶意的丙，通过丙被背书转让给了善意的丁，丁背书退还给了乙。在这种情况下，即使丙是恶意的，也继承附带着人的抗辩的票据，丙、丁之间被切断了。如果这样，乙就取得了没有附着抗辩的票据。在这种情况下，如果甲对乙的抗辩不被承认，对于乙就会产生不当得利。在这种情况中，如果所谓欠缺甲、乙间的原因关系的抗辩的人的抗辩，如果存在于甲、乙之间，甲对于乙提出的票据金的请求，甲、乙之间的人的抗辩通常是可以主张的。

三 基于票据行为一元论的人的抗辩范围

（一）票据抗辩二分法下人的抗辩范围

根据传统一元论票据理论，对于票据抗辩的分类，以日本为代表的世界各国票据法理论，按可对抗的人的范围，将票据抗辩分为物的抗辩和人的抗辩。不管持票人是善意还是恶意，也不管持票人和因票据而被请求的人是否是票据授受的直接当事人，对任何持票人都可以对抗的抗辩为客观的、绝对的和物的抗辩；而因票据被请求的人只能向特定的持票人对抗的抗辩为主观的、相对的和人的抗辩。我国台湾地区票据法通说也持这一主张。我国大陆的票据抗辩基本分类与此也是一致的，只是在分类根据上有抗辩事由、抗辩对象、抗辩范围等不同说法。根据可对抗的人的范围不同，物的抗辩又可分为一切票据债务人可以对一切票据债权人行使的抗辩和特定票据债务人可以对一切票据债权人行使的抗辩；人的抗辩可分为一切票据债务人可对特定票据债权人行使的抗辩和特定票据债务人可对特定票据债权人行使的抗辩。其中

124 · 票据行为无因性研究

一切票据债务人可以对抗一切持票人的抗辩包括：出票欠缺绝对必要记载事项或记载有不得记载事项而使票据无效的抗辩；更改了不可更改的事项而使票据无效的抗辩；不依票据广义提出请求的抗辩；票据债权已消灭或失效的抗辩。特定票据债务人可以对抗一切持票人的抗辩包括：票据债务人欠缺行为能力的抗辩；无权代理或越权代理的抗辩；票据伪造或变造的抗辩；保全手续欠缺的抗辩；票据权利因时效而消灭的抗辩；承兑撤销的抗辩。一切票据债务人可以对抗特定持票人的抗辩包括：持票人欠缺受领能力的抗辩；持票人取得票据不符合法律规定的条件的抗辩；持票人欠缺形式上的受领资格的抗辩。特定票据债务人可以对抗特定持票人的抗辩包括：基于原因关系的抗辩；因禁止背书产生的抗辩；基于当事人之间的特别约定的抗辩。①

（二）票据抗辩三分法下人的抗辩范围

在上述传统票据抗辩二分法中确有难以包容的情况，因此，学者开始重新讨论抗辩的分类。董惠江教授认为，票据抗辩的重新划分"不是一定要放弃原有分类的所有内容，新的分类能否解决上述问题，必须回归票据抗辩分类的本质属性并循着这一属性去分析"，继而，他将票据抗辩分为人的抗辩、物的抗辩和介于人的抗辩与物的抗辩之间的抗辩。"介于物的抗辩和人的抗辩之间的抗辩，是指票据债务人就某些原本与票据债务成立、消灭相关的物的抗辩事由，若有可归责性时，即不得对抗善意且无重大过失的受让人的抗辩。所有物的抗辩，应该都是不受限制的，

---

① 汪世虎：《票据法律制度比较研究》，法律出版社 2003 年版，第 310—319 页。

这在权利外观理论未被承认之前，是毫无异议的，但是当权利外观理论被引入票据理论，某些物的抗辩，如伪造、变造、无权代理以及交付欠缺、已付款的抗辩等，当票据债务人对造成票据权利外观有可归责的事由时，就产生不得对抗善意且无重大过失的第三人的结果。但因此种抗辩原本可对抗任何人，只因流通利益而受限制，故应严格其要件，须至少无重大过失。于是此种抗辩既不当然属于物的抗辩，也不当然属于人的抗辩，而介于人的抗辩与物的抗辩之间"[1]对于介于人的抗辩与物的抗辩之间的抗辩，董惠江教授认为主要包括：无权代理的抗辩、伪造的抗辩、变造的抗辩、票据已付款的抗辩、交付欠缺的抗辩、空白票据和不当补充的抗辩等。赵威博士认为物的抗辩和人的抗辩并不能包含所有的票据抗辩事由，而且其各自所包含的抗辩事由也不尽合理，遂以票据要式理论和文义理论为基础，以票据抗辩是否可以票据外观书面记载而主张为标准，将票据抗辩分为依票据外观书面记载发生的抗辩（此种抗辩因不可限制，故也称为不可限制的抗辩）和不依票据外观书面记载发生的抗辩（此种抗辩因可以限制，故也可称为可限制的抗辩）两种。[2]赵新华教授主张以票据抗辩的制度基础为标准进行分类。票据抗辩的制度基础包括三方面，即权利外观、意思表示及票据关系的相对无因性，相应的票据抗辩权也有三种：第一，基于票据权利外观的抗辩权，包括票据记载事项、背书、票据流转时涉及在签发转让资格的欠缺、恶意、对价不相当或无对价等抗辩事由等；第二，基于意思

---

① 董惠江：《票据抗辩的分类》，《法学研究》2004年第1期，第49—59页。

② 赵威、赵民：《票据抗辩研究》，梁慧星：《民商法论丛》（第10卷），法律出版社1999年版，第147页。

表示的抗辩权，包括意思能力欠缺、意思欠缺、意思瑕疵等方面的抗辩事由等；第三，基于相对无因性的抗辩权，包括原因关系、预约关系、资金关系等方面的抗辩事由等。①也有学者以票据抗辩事由来源为标准，将票据抗辩分为三种，即由票据本身"物"的原因引起的抗辩（简称为"物的抗辩"）、由票据当事人的原因引起的抗辩（简称为"人的抗辩"）以及由票据当事人之间存在特定关系而引起的抗辩（简称为"特定关系的抗辩"）。其中"物的抗辩"只保留通说的物的抗辩的第一类，即"一切票据债务人对一切持票人的抗辩"，将通说的物的抗辩的第二类，即"特定票据债务人对一切持票人的抗辩"归入"人的抗辩"中，而把通说"人的抗辩"的第二类，即"特定票据债务人对抗特定持票人的抗辩"单独成类"特定关系的抗辩"。②

在日本，后来的学者也认为传统的二分说有失充分和准确，从而主张将票据抗辩分为三种，即物的抗辩，依日本《票据法》第17条的人的抗辩和有效性的抗辩。在承认权利外观理论的基础上，"关于票据债务的有效性的抗辩"可作为一种新的抗辩类型来统一对待，在日本，这种新抗辩理论在学界已有了相当的地位。伪造、变造、无权代理等都是物的抗辩，在这些情况中，被伪造人、变造之前签章的人，以及无权代理的本人等，都没有造成可归责于自己的某种权利外观，但是，若被请求人对虚假的权利外观的形成有可归责性，对无恶意或重大过失相信票据债务有效成立而取得票据的人，被请求人基于权利外观理论就应当承担

---

① 赵新华：《票据法问题研究》，法律出版社2002年版，第270、272、275页。
② 胡振玲：《票据抗辩初探》，《中南民族大学学报》（人文社会科学版），2004年第1期，第111页。

票据上的责任而不得主张抗辩,这种类型的抗辩被称为有效性的抗辩。成为票据债务有效性的事由有许多种,除了伪造、变造、无权代理的情形外,还包括有关票据债务成立与否的人的抗辩,广义的交付契约瑕疵、欠缺等。[1]

四 基于二阶段创造说的人的抗辩范围

在票据抗辩的分类中,确定分类的基准是最重要的问题。基于二阶段说,以票据权利行使的前提要件即票据抗辩的成立要件为形式基准,以人的抗辩和物的抗辩这一传统二分说为基础,票据抗辩可划分为四个类型:物的抗辩(基于票据记载产生的抗辩)、有效性抗辩(关于票据债务负担的抗辩)、无权利的抗辩(关于票据取得的抗辩)、(狭义的)人的抗辩(关于票据权利行使的抗辩)。[2] 其中无权利抗辩是从传统的人的抗辩中分离出来的。传统的人的抗辩可分为对于特定的人任何人都可以主张的抗辩,及对于特定的人只有其他特定的人才可以主张的抗辩。前者是无权利抗辩,后者是狭义的人的抗辩。[3] 无权利抗辩是在票据权利转移行为有瑕疵的情况下产生的。狭义的人的抗辩,就是对于票据行为自身在其债务承担和权利转移的行为上都没有瑕疵,基于票据外的法律关系——主要是在票据的原因关系中存在瑕疵的情况——产生抗辩的情况。例如,在 B、C 之间的原因关系中

---

[1] 转引自董惠江《票据抗辩的分类》,《法学研究》2004 年第 1 期,第 49—59 页。

[2] 郑宇:《票据抗辩理论研究》,博士论文,吉林大学,2007 年,第 88—90 页;[日] 庄子良男:《手形抗弁论》,信山社 1998 年版,第 166—170 页。

[3] [日] 前田庸:《手形法·小切手法》,有斐阁 2005 年版,第 185 页。

存在取消事由或者解除事由的情况——以 B 不行使取消权、解除权的情况为前提，在 C 对 B 请求时，B 可以行使取消权、解除权并拒绝支付，在 C 对 A 请求时，A 不可以拒绝。还有 B 对于 C 拥有基于反对债权的抵消权的情况，B、C 之间实施了延期支付的特约的情况等都是同样的。在 B 对于 C 拥有基于反对债权的抵消权的情况下，因为反对债权不仅仅是基于 B、C 之间的票据授受的原因关系而产生的，所以不能说是在原因关系有瑕疵的情况下的问题。所以，狭义的人的抗辩不仅仅限于在原因关系中存在瑕疵的情况，而是基于票据外的法律关系而产生的抗辩。

基于二阶段创造说，在传统的人的抗辩中分离出无权利抗辩和狭义的人的抗辩，只有狭义的人的抗辩才适用抗辩限制理论，才属于票据无因性的效力范围，所以明确狭义的人的抗辩和无权利抗辩的内涵和二者区别，是准确把握票据行为无因性效力范围的前提。

（一）狭义的人的抗辩与无权利抗辩的内涵

1. 无权利抗辩——任何人都可以主张的抗辩

无权利抗辩是在票据债务负担行为已经有效成立的情况下，因票据权利移转行为瑕疵而产生的抗辩。例如，C 从 B 处盗取票据并持有，或见到 B 掉落的票据并持有，在这样的情况下，因为 B、C 之间没有票据权利转移行为，所以 C 不能取得票据上的权利，因此，对于 C 的票据金请求，A、B 中的任何一个均可以拒绝。无权利抗辩可以在以下情况发生：在转移票据权利行为不存在、无效、取消等有错误的情况下产生无权利的抗辩；盗取人或票据拾得人，未通过票据权利转移行为而得到票据情况下，任何人均可对盗取人或拾得人主张无权利抗辩；转移票据权利行为由于错误导致意思上的欠缺而无效的情况；由于无能力行为，欺诈或强迫而被取消的情况，都能产生无权利抗辩。①

　　具体而言，无权利抗辩主要包括以下三种：第一，原因关系无效、消灭的抗辩。在票据行为二阶段说中，票据权利移转行为是有因行为，所以在原因关系无效、消灭的情况下，取得人并不能获得票据债权。因此，票据取得人是无权利人，由此产生的抗辩是无权利抗辩。不过，此种情形下产生的抗辩，并不一定都是无权利抗辩，有时还会构成人的抗辩。第二，意思表示瑕疵的抗辩。在票据行为二阶段说中，意思表示瑕疵主要是票据权利移转行为中的意思表示瑕疵，对此可以直接适用民法关于意思表示的规定。所以，基于此的票据权利移转行为会被撤销或无效，进而使票据取得人成为无权利人。第三，交付契约欠缺的抗辩。在票据行为二阶段说中，行为人认识或应该认识票据并在其上署名，票据债务负担行为就有效成立，至于票据的交付与否并不对其产生影响。但是，交付作为票据权利移转行为的共同形式要件，对票据权利移转行为会产生重要影响，即在票据交付欠缺时，票据权利并不发生移转，此时的票据取得人只能成为无权利人。②

　　2. 狭义的人的抗辩——只有特定的人才可以主张的抗辩

　　狭义的人的抗辩，对于票据行为自身无论是在票据债务承担上还是在票据权利转移上都没有瑕疵，基于票据外的法律关系（主要是在票据的原因关系中存在瑕疵的情况下）产生的抗辩。例如，在 A—B—C 的票据流转关系中，在 B、C 之间的原因关

---

　　①　［日］前田庸：《手形法·小切手法》，有斐阁 1999 年版，第 415 页。
　　②　郑宇：《票据抗辩理论研究》，博士论文，吉林大学，2007 年，第 88—90 页。

系中存在取消事由或者解除事由的情况下，当 B 尚未行使取消权、解除权时，当 C 向 B 请求时，B 可以行使取消权、解除权并拒绝支付，当 C 向 A 请求时，A 不可以拒绝。还有，在 B 对于 C 拥有基于反对债权的抵消权的情况，或 B、C 之间实施了延期支付的特约等情况下也是如此。在 B 对于 C 拥有基于反对债权的抵消权的情况下，因为反对债权不仅仅限于基于 B、C 之间票据授受的原因关系而产生的，所以不能说是在原因关系有瑕疵的情况下产生的抗辩。可见，狭义的人的抗辩不仅仅限于在原因关系中存在瑕疵的情况，而是基于票据外的法律关系而产生的抗辩。

　　狭义的人的抗辩是从票据以外的法律关系中产生的。票据外的法律关系较模糊，具体而言，是基于票据授受的原因关系、抵消权及票据外的特约而产生的。例如，A 将 B 作为收款人开出票据，B 将票据背书转让给 C，B、C 在原因关系上存在撤销权或解除权时，对于 C 的票据金支付请求，B 主张以撤销权及解除权作为人的抗辩，能够拒绝支付票据金。原因债务失去了时效的情况也一样。B 对 C 有原因关系的撤销权或解除权，并不主张其时效性，但 A 不可以拒绝支付票据金。这种意义上的抗辩也是狭义的人的抗辩。同样，B 对 C 有抵消权的情况也属于狭义的人的抗辩。而且，抵消权通常基于 B、C 间原因关系外的事由而产生。除此之外，B、C 之间对于延期支付票据，转让禁止等达成共识后，B、C 间就产生了狭义的人的抗辩。这种特约是关于支付票据金的票据以外的特约，不能说是从原因关系中产生的。因此，可以将狭义的人的抗辩定义为从票据外的法律关系产生的抗辩。

　　从票据外的法律关系产生的抗辩，在理解上不必存在界限。

例如，票据出票人欺骗汇票的付款人开出票据，承兑人只对出票人及恶意的取得人可以拒绝支付，并且只由承兑人能够拒绝支付，因此，这种情况也产生了狭义的人的抗辩。在这种情况下，负担票据债务行为和转移票据权利行为中都没有错误，有必要拒绝支付这样的持有人及恶意的取得人，并将其视为狭义的人的抗辩。

如此可见，狭义的人的抗辩既可以从原因关系的错误中产生，也可由票据以外的事由产生。概括起来，把不是基于票据本身的错误而产生的抗辩，叫作基于票据外的法律关系的抗辩。这里的"票据外"是指票据行为本身没有错误，但并不是与票据法律没有一点关联。

票据授受的当事人之间产生人的抗辩的情况，不应该从票据上的记载形式地判断授受的意思，而应该进行实质的判断。[①]例如，A、B 间存在票据授受的实质性的原因关系（例如买卖），为了让甲作出票据的保证，A 将甲作为收款人开出票据，甲对 B 进行票据的背书，在这种情况下，A、B 间的原因关系存在错误时（例如 B 没有向 A 交付标的物）时，A、B 间产生人的抗辩。此时，虽然甲形式上处于其间，但这种抗辩依然存在。

（二）狭义的人的抗辩与无权利抗辩的区分

对于上述的无权利抗辩和狭义的人的抗辩，只有狭义的人的抗辩才适用抗辩切断制度，因此，区分二者很关键。无权利的抗辩和人的抗辩的区别主要在于：前者是在票据权利转移行为中有瑕疵的情况下产生的；与此相对，后者是基于票据外的法律关系

---

① ［日］前田庸：《手形法·小切手法》，有斐阁 1999 年，第 416 页。

（主要是原因关系）而产生的。据此，是否采用票据权利转移行为有因论，是决定某一抗辩是无权利抗辩还是狭义的人的抗辩的基础。例如，①在 B、C 之间的原因关系因为 B 行使了解除权、取消权而消失的情况下，如果采取传统票据无因性理论，属于人的抗辩；但如果采取票据权利移转行为有因论的话，因为票据权利转移行为也丧失了效力，所以属于无权利抗辩。在票据权利移转行为有因论的立场上，若在 B、C 之间的原因关系上，B 存在解除权、取消权的情况下，当 B 行使该权利开始，原因关系消失，C 成为无权利人；若原因关系从刚开始就不存在或者无效，无须 B 的特别的意思表示，因 B、C 之间不存在原因关系，C 自始就是票据上的无权利人。②在 C 应该向 B 返还票据的情况下，是成为无权利的抗辩还是成为狭义的人的抗辩，依是否采用有因论而有所不同。如果采取有因论，因为 C 处于必须向 B 返还票据的地位，所以成为无权利人。③B 对于 C 拥有反对债权，当 B 作出了相抵的意思表示的情况也是同样的。

从某种意义上来说，采取票据权利转移行为有因论，正是为了在诸如上述情况下，从传统的人的抗辩中分离出无权利抗辩，在上述案例中，不仅仅使 B，也使 A 可以拒绝 C 的票据金请求。

另外，票据权利转移行为有因论，虽然按照字面理解，可以被解释成原因关系的瑕疵影响票据权利转移行为的理论，但在上述理论中票据权利转移行为受到影响的情况，并不仅限于上述①的情况，也包含了②和③的情况，所以票据权利转移行为有因论，是票据权利转移行为主要但不仅受原因关系影响的理论。

(三) 无权利抗辩与票据返还请求权的关系

在 C 盗取或拾得了 B 的票据产生无权利抗辩的情况下，被盗取人或遗失人 B 对于 C 不仅能主张抗辩拒绝支付票据金，并且具有票据返还请求权。反之，对于票据返还请求权的行使对象，任何人都可以对其主张无权利抗辩。这样，在票据法中，票据返还请求权的行使对象与承受无权利抗辩的对象是一致的。

与此相反，在《美国统一商法典》及《联合国国际汇票和本票公约》中，即使是受到票据返还请求权主张的人，也不一定理所当然地接受来自任何人的抗辩主张。依《美国统一商法典》或《联合国国际汇票和本票公约》规定，票据的返还请求权 (claims to an instrument) 与抗辩 (defense) 是有区别的。根据《美国统一商法典》§3—305 (c)，例如，取消了 B、C 间的原因关系，B 对 C 产生票据的返还请求权时，B 可以提起索要票据金的诉讼。B 自己主张返还请求权时，其他票据债务人，如 A 只能主张抗辩。但是，被盗取人或遗失人以外的票据债务人能够无条件地对于盗取人及拾得人主张抗辩。另外，根据《联合国国际汇票和本票公约》§28 (4)，票据债务人可以第三人对该票据有返还请求权的事实向不是受保护的持票人提出抗辩：①该第三人对该票据提出了有效的返还请求；②该持票人以偷窃手段取得该票据或伪造受款人或被背书人的签字，或参加该偷窃或伪造行为。

但上述差异并不是实质性的，只是持有票据返还请求权的人为了确认请求权的主张，是否要求其手续齐备存在差异。在票据被盗取的情况下（《美国统一商法典》还包括遗失票据的情况），《美国统一商法典》及《联合国国际汇票和本票公约》

将拥有票据返还请求权的人的主张视为理所当然，并承认其他票据债务人抗辩的主张。除此以外的情况，则要求提供确认主张的手续（《美国统一商法典》：提起票据金要求的诉讼；《联合国国际汇票和本票公约》：主张其抗辩）。① 与此相反，依据我国票据法的解释，不要求拥有票据返还请求权的人提供其确认是否主张的手续，其他票据债务人就当然地能够主张抗辩（无权利的抗辩）。

（四）狭义的人的抗辩的意义和要件

狭义的人的抗辩是相对于无权利的抗辩以及物的抗辩而言的。它适用抗辩限制规则。人的抗辩切断就是对于票据行为自身在其债务承担行为和权利转移行为上都没有瑕疵，基于票据外的法律关系产生抗辩的情况，就是受让人受到狭义的人的抗辩的对抗的情况下，保护善意受让人的制度。该制度的设计可以在票据流转中，大大减轻合法持票人的风险，保障持票人权利，减少持票人风险，使票据交易简化、迅捷化，实现票据的流通和信用功能。例如，买主 A 为了支付买卖货款而以卖主 B 作为收款人开出了票据，但是因为 B 没有对 A 交付买卖的标的物，所以 A 可以解除这个买卖合同，在此种情况下，对于并不知道 A、B 之间情况而从 B 处接受了票据的被背书人 C，A 不可以把和 B 的买卖合同的解除作为理由来拒绝向 C 支付票据金。

票据受让人若想受抗辩切断的保护，必须满足下列条件：第一，票据取得人主观上不是恶意的；第二，和善意取得的

---

① ［美］Robert L. Jordan，William D. Warren，Commecial Law（3ed）. The Forn-dation Press，Inc. 1992：561.

情况相同，是通过票据法的权利转移方法并在期限前取得票据。

第三节　票据行为二阶段说对无因性效力范围的延伸

在票据法中，对于票据取得人的保护制度，除了人的抗辩限制制度以外，还有票据行为独立原则和善意取得制度。这三个制度都是为保护票据取得人而设计的，三者目的相同，但各自又有不同的适用情况。为明确无因性的效力范围，必须明确区分这三种制度的适用情形。

一　三种制度的相互关系

要深刻理解这三个制度之间的相互关系，可以从三个制度各自与票据行为的关系以及与票据抗辩的关系这两方面来解释说明。第一，以创造学说的立场，它是与负担票据债务的行为相关，还是与移转票据权利的行为相关，或者与二者都无关。第二，是有关物的抗辩还是有关人的抗辩，若同是关于人的抗辩，是关于无权利的抗辩还是关于狭义的人的抗辩。

（一）与票据行为的关联

二阶段创造说将票据行为视为负担票据债务的行为和移转票据权利行为二者的结合。以此为立场，可以对上述三种制度从票据行为上进行区别。即票据行为独立原则是与负担票据债务各行为相关的制度；善意取得是与转移票据权利行为相关的制度；抗辩切断与负担票据债务行为及转移票据权利皆无关，而是与票据以外的法律相关的制度。这样，从票据行为的观点，可以明确地将上述与保护票据取得人相关的三种制度区别开。

1. 与票据债务负担行为相关联——票据行为独立

票据行为独立原则，是指在作为前提的票据行为（例如，开出票据的行为）中有瑕疵的情况下，以此作为前提的行为（例如背书行为）的效力不受其瑕疵的影响。例如，开出票据时，出现了错误，以此为前提的负担票据债务行为，如背书或票据保证，不受票据错误的影响，只要满足自身成立的条件，就有效成立。从创造学说以外的观点来看，各个票据行为人的债务负担的关系和其他行为人的行为效力是独立的，所以，该原则被叫作票据债务独立原则。从这种意义上来讲，它是与负担票据债务行为相关的制度，与转移票据权利行为无关。而且，负担票据债务行为是独立行为，它的效力与取得票据人的主观条件无关。

2. 与票据权利转移行为相关联——善意取得

善意取得制度是和票据权利转移行为相关联的制度。也就是说，在票据权利转移行为有瑕疵的情况下，对于没有恶意、重大过失的票据取得人来说，其瑕疵被治愈，权利取得被承认，这是治愈票据权利转移行为瑕疵的制度。

3. 与票据外法律关系相关联——人的抗辩限制

人的抗辩限制制度是和票据外的法律关系相关联的制度。对于票据行为自身，在票据债务承担的方面和票据权利转移方面都没有瑕疵，而是基于票据外的法律关系（主要是票据的原因关系有瑕疵）的情况下所产生的抗辩，对于善意的票据取得人不可以主张，因此，是和票据外的法律关系相关联的制度。

（二）与票据抗辩的关联

1. 与物的抗辩相关联——票据行为独立原则

接受了承担票据债务请求的人，即使能够主张物的抗辩，承担票据债务的行为也不受影响，仍然有效地成立，这就是票据行为独立的原则。从这种意义上讲，票据行为独立原则是与物的抗辩相关联的。基于此原则，在承担票据债务行为中即使存在错误，以此为前提的承担票据债务的行为不受其错误的影响，但是接受了这种请求的人能够主张物的抗辩。可见，票据行为独立原则与物的抗辩相关联。

2. 与无权利抗辩相关联——善意取得

受到无权利抗辩对抗的对象是无权利人，保护从无权利人手中受让票据的人的制度就是善意取得制度。善意取得制度是在转移票据权利行为有瑕疵时，对于没有恶意及重大过失的票据取得人弥补这种瑕疵的一种制度。受到无权利抗辩的无权利人不能转移票据上的权利，因此，转移票据行为中存在瑕疵，这种瑕疵通过善意取得制度来弥补。在这种意义上，善意取得制度与无权利抗辩相关。

3. 与狭义的人的抗辩相关联——人的抗辩限制

票据的取得人从受到狭义的人的抗辩的对抗人手中受让票据时，保护这种取得人的制度就是人的抗辩切断制度。这种制度是针对票据行为本身没有错误，因票据外的法律关系产生抗辩的情况下，对于善意的票据取得人不能主张抗辩的制度。在这里，基于票据外的法律关系而产生的抗辩，是狭义的人的抗辩，因此，保护从这种对抗人手中获得票据的取得人的制度，被称为人的抗辩切断，但与广义的人的抗辩无关，只与其中狭义的人的抗辩有关。

二　票据行为独立性与善意取得的关系

票据行为独立原则是与票据债务承担行为相关联的制度，其适用与票据取得人的主观状态无关。与此相对，因为善意取得是与票据权利转移行为相关联的制度，所以其适用是与票据取得人的主观形态相关。如果不注意二者的差别，在具体事例的适用上就会产生混乱。下面以两个实例为探讨二者区别。

（一）与恶意取得人的关系

A 以 B 为收款人出票，C 从 B 处盗取该票据并伪造 B、C 之间的背书，向 D 背书转让，假设 D 对于 C 是盗取人知情但仍然恶意取得该票据。在这种情况下，C 的背书以 B 的背书为逻辑性前提。根据票据行为独立原则，即使作为前提的 B 的背书因伪造而无效，C 的背书也不会受其影响而有效成立，所以 C 承担票据债务，这与 D 是否恶意无关。可是，从 C 处以恶意取得票据的 D 不能善意取得该票据，因此，对于 A 不能请求票据金。问题是 D 对于 C 是否可以请求票据金？

票据行为独立原则是与取得人的善意、恶意无关的制度，以此为理由，有学者持肯定意见。① 可是，该观点没有充分区别票据行为独立原则和善意取得。D 是没有善意取得该票据的无权利人，对于 D，很多票据债务人包括 C 都可以拒绝支付票据金，而不仅仅是 A。进一步考虑，D 对于 B 承担有必须返还该票据的义务，如果履行向 B 返还票据义务，就不能够对 C 行使权利了。因此，如果持 D 对于 C 有票据金请求权的观点，就形成了一种

---

① 转引自［日］前田庸：《手形法·小切手法》，有斐阁 2005 年，第 209 页。

矛盾的结果：B 对于 D 的票据返还请求权和 D 对于 C 的票据金请求权这两个不能两立的权利并存。

票据行为独立原则的适用与 D 的善意、恶意无关，这是在 C 票据债务承担行为层面上所言的，那样成立的债务所对应的权利由谁取得并行使呢？在权利转移问题上，不适用票据行为独立原则，只是取得了票据上的权利的人取得并行使了相应的权利。在相同的有价证券上表彰了复数权利，即对于 A 的权利和对于 C 的权利，是被表彰在相同的证券上的，不能够把这两个权利分散地转移，而是应该一并决定是否被转移。也就是说，对于 A 的权利属于 B，对于 C 的权利属于 D，这种票据上的权利的分属是不被允许的。因此，D 对于 C 的权利行使不应该被承认。再如，E 从 D 处善意受让该票据时，E 对于 C 可以请求票据金。

（二）在出票中存在伪造、无能力等事由的情况

①B 伪造 A 的名义以自己作为收款人出票，C 对于 B 的伪造行为知情但基于恶意而从 B 处受让票据，在这种情况下，C 是否可以对 B 请求票据金。此时，因为 A 的债务承担行为因伪造而无效，所以 A 不承担票据债务，B 作为伪造人承担票据上的责任。问题是，在这样的情况中，对于伪造以恶意取得该票据的 C，被伪造人 A 是否可以请求票据的返还。如果其返还请求被承认，根据前述相同理由，C 对于 B 的票据金请求权是不被承认的。如果以 A 名义伪造的票据流通，虽然事实上对于 A 来说蒙受了不利，可是，从法律上来看，A 是不拥有请求其票据的返还的权利的。A 若想请求票据的返还，必须是票据上的权利人，为成为票据上的权利人，A 的票据债务承担行为有效成立，A 自身取得对应其债务的票据上的权利，这是必要的，但在此事例中，

A 不承担票据上的债务，不取得对于 A 自身的票据上的权利。并且，此外找不到承认 A 对于 C 的票据返还请求权的法律根据，因此，A 对于 C 没有请求票据返还的权利。这样，在这个票据上只表彰了 B 的权利，B 把这个权利向 C 转移，并且对于 B、C 之间的权利转移行为是不存在瑕疵的，所以 C 可以对于 B 行使权利。

②A 是无能力人，没有得到法定代理人的同意就以 B 为收款人出票，B 明知 A 是无能力人而以恶意取得该票据，C 也同样以恶意从 B 处接受该票据的背书转让，即使在 A 以无能力为理由而取消了出票行为的情况下，与①所叙情形相同，A 可以通过取消出票行为不承担票据债务，但是没有请求票据返还的法律根据。

在①、②任何一种情况下，A 为了防止自己名义的票据流通，对于票据的返还请求虽拥有事实上的利益，但不能因取得人是恶意来保护这个利益。根据有价证券法理，在权利还没有和证券结合的阶段，有价证券是不能成立的，所以在上面两例中，有价证券只在 B 处成立，因此，A 的上述票据返还利益只不过是事实上的利益，不能是被法律保护的利益。

三　人的抗辩限制与善意取得的关系

（一）主观要件上的差异

善意取得和人的抗辩限制都是为保护票据受让人而设计的制度，但二者的适用对于票据受让人的主观要件要求不同。在善意取得情况下，如果票据取得人有恶意、重大过失就不被保护，而在人的抗辩切断的情况下，只要票据取得人不是明知存在抗辩事由而取得票据，即使有重大过失也受到保护。可见，人的抗辩切断没有把票据取得人无重大过失作为其主观要件，比起善意取得，对被保护人主观要求更加宽松。

如上所述，在善意取得和人的抗辩限制适用的主观要件上存在差异。反观英美国家，并未作此规定。① 那么，设置这种差异的必要性是什么？这可以通过各个制度被治愈的瑕疵或是抗辩的性质的差异及其轻重不同来进行解释。② 在善意取得制度中，票据行为自身中的权利转移行为存在瑕疵；在人的抗辩切断制度中，票据行为自身不论是权利转移行为还是债务承担行为都没有瑕疵，是基于票据外的法律关系而产生的抗辩。如果比较两种制度被治愈的瑕疵或抗辩的程度轻重，适用于票据行为自身有瑕疵的善意取得制度重，适用于票据行为自身没有瑕疵的人的抗辩限制制度轻。对应瑕疵或抗辩的性质的差异或者轻重的差异，各个制度被保护的主观性要件自然也产生差异，在其程度相对重的善意取得制度适用中，对票据受让人的主观性要件要求更严格，如果票据受让人有重大过失就不被保护；与此相对，在其程度相对轻的人的抗辩切断制度适用中，对票据受让人的主观性要件更宽松，只要不是恶意而取得票据，票据受让人就受到保护。

（二）是否适用票据权利转移行为有因论的差异

在相同情形下，根据是否采取票据权利转移行为有因论，会出现无权利抗辩的对抗，或人的抗辩的对抗的不同结果，相应地，从受到这样抗辩的对抗的人处受让票据的人，分别受到善意取得或人的抗辩切断的保护。

---

① ［美］Robert L. Jordan，Willam D. Warren，Commecial Law（3ed）．The Forndation Press，Inc. 1992：531.

② ［日］前田庸：《手形法·小切手法》，有斐阁 2005 年，第 465 页。

1. 原因关系消失、无效或不存在的情况

例如，B、C 之间的原因关系因 B 的取消权、解除权的行使而消失后，D 从 C 处受让了票据的情况下，D 受到善意取得抑或人的抗辩切断的保护？如果根据权利移转行为有因论，因为 C 是无权利人，D 受到善意取得制度的保护，因此要求 D 主观上没有恶意，并且无重大过失。如果不采取票据权利有因论，C 依然是票据上的权利人，只是从 B 处受到狭义的人的抗辩的对抗，D 为不继受人的抗辩的对抗，只需满足人的抗辩切断制度的要件，即主观上只要不是恶意而取得票据，即使有重大过失也受到保护。

可见，如果适用权利移转行为有因论，在原因关系消失或者不存在的情况下，票据取得人若存在重大过失就不受保护，这样对善意受让人的保护就不充分了，也有学说把这一点作为批判有因论的一个根据。还有学者站在有因论立场上，认为 B、C 之间原因关系消失的情况下应适用人的抗辩的切断。[①] 但是，本书认为，在这种情况下，还是应该贯彻有因论，适用善意取得来保护 D。因为在 B、C 之间原因关系确定消失的情况下，没有必要保护有重大过失的取得人 D。

2. 人的抗辩限制的适用

如作前述解释，人的抗辩限制似乎没有适用余地了，有学者基于此对有因论进行批判，但事实却非如此。例如，B、C 之间实施支付犹豫的特约的情况下，对于从 C 处受让票据的 D，对于上面的特约适用人的抗辩的切断。在票据外有禁止转让的特约的

---

① ［日］前田庸：《手形法·小切手法》，有斐阁 2005 年，第 216 页。

情况也是如此。例如，虽然 B、C 之间有取消或解除事由，但是 B 还没有行使取消权、解除权的情况下，因为 C 还不能说是无权利人，所以在那个时点上，从 C 处受让了票据的 D 受到人的抗辩切断的保护。可见，在 B、C 之间的原因关系被取消或者被解除的情况下，与只是存在取消事由、解除事由的情况下，为保护从 C 处受让票据的人，在主观适用要件上存在着差异。①

假如 B 对于 B、C 之间的原因关系行使解除权、取消权之前，D 从 C 处接受背书转让，其后 B 行使了解除权、取消权。在这样的情况下，根据解除权、取消权的追溯力，产生了和 B、C 之间的合同从开始就不存在一样的效果，所以也许会产生 D 的保护是不是应该根据善意取得这样的疑问。但是，取得人的主观要件有没有被满足，是以票据取得时为基准来决定的，所以在取得票据时解除权、取消权还没有被行使的情况下，取得人是根据人的抗辩切断制度受保护的。

---

① ［日］前田庸：《票据权利转移行为有因论》、《现代商法学的课题——铃木先生古稀纪念》，有斐阁 1975 年，第 908 页。

第四章　票据行为二阶段说之下的
无因性例外考察

　　基于票据行为无因性理论，票据债务负担行为不受票据外法律关系的影响，这样可以促进票据流通，更好地保护持票人利益。以无因性为理论基础的票据抗辩限制通过规定持票人不受来自债务人与其前手之间的抗辩的对抗，从而促进了票据流通，但因为票据抗辩限制是建立在牺牲票据债务人利益的基础上的，如果无条件地适用，就会有违促进票据流通的宗旨。所以，国际公约和各国票据法都在规定票据抗辩限制的同时，规定了抗辩限制的例外。如《日内瓦统一汇票本票法》第 17 条规定，"持票人在取得汇票时明知其行为有害于债务人的除外"，我国《票据法》第 13 条的但书与这一规定类似。另外，我国《票据法》第 10 条第 2 款和第 11 条但书，规定了票据取得时给付对价对持票人票据权利的影响，也可以视为票据抗辩限制的一种例外。[①] 关

---

　　① 董惠江：《票据抗辩论》，博士学位论文，中国政法大学，2006 年，第 66 页。

于票据无因性的例外，查阅国内外相关著述可知，学界大都认为只有在授受票据的直接当事人之间存在抗辩的情形，才不得以票据的无因性法则加以排除，此外，近来也有一些学者注意到，票据无因性原则的例外情形至少还体现在直接当事人之间、无对价抗辩与恶意抗辩、利益偿还请求权方面。对于直接当事人间的抗辩的理论基础，学者皆是以传统无因性理论为视角，认为是基于人的抗辩的个别性。但是，基于二阶段说的票据无因理论，原因契约即使是无效的，负担债务行为也是有效的，而权利转移行为是无效的。因此，在直接当事人之间，出票人负担票据上的债务是有效的，但由于原因契约的无效，与此对应的从出票人到收款人转移票据权利的行为是无效的，因此，收款人不能取得对出票人的票据上的权利，他变成了无权利人。出票人能够主张收款人无权利而拒绝其请求。虽然结论上与适用人的抗辩的个别性一致，但是在原因契约无效的情况下，出票人能够拒绝收款人的请求，是基于票据债权还是基于票据行为的无因性，其根据不同导致了结果也不同。两者的不同主要在于，将直接当事人之间的抗辩看作无权利抗辩的情况下，负担票据债务的行为本身是无因的原因关系不能成为诉讼标的，其他人也不能援用其进行抗辩，而后者却不同，这就产生了诉讼上效果的差异。另外，在第三人受让票据时，对其的保护，在被视为无权抗辩情形下是善意取得制度；在被视为人的抗辩的情形下是人的抗辩切断制度。

诚如前所述，基于不同的票据理论，票据行为无因性原则效力范围有所不同，相应地，效力所不及之处也有所不同。依传统票据行为无因性理论，无因性所不及主要表现为恶意抗辩和无对价抗辩，建立在票据行为二阶段说基础之上的无因性效力所不及还包括无权利抗辩。即使依传统票据行为无因性理论，同属于效力所不及的恶意抗辩和无对价抗辩，票据行为二阶段说下的无因性理论也赋予了其不同的理论基础，使其更具有解释力。本章将分节对无权利抗辩、恶意抗辩和无对价抗辩进行考察，分析其理论基础和基本特点，重点论证无权利抗辩存在的必要性。本章最后还对依特殊背书取得票据时的人的抗辩情况进行分析。

第一节　无因性例外之一——无权利抗辩

何谓无权利抗辩？学界并无多大争议，其基本含义即为票据债务人得以拒绝履行票据义务，阻碍票据债务人行使票据权利的理由在于，票据持有人不享有票据权利。"无因性理论主要解决权利移转行为有因、无因的问题。即在原因关系无效、消灭等场合，原因关系瑕疵的抗辩是无权利抗辩还是人的抗辩。在票据行为二阶段说中，因为将票据移转行为作为有因行为，所以原因关系瑕疵的抗辩是无权利抗辩。在其他学说中，因为将票据行为作为无因行为，所以原因关系瑕疵的抗辩是人的抗辩。"[①] 基于票据法理，"无权利抗辩的存在范围是票据本身有效，票据债务人也有效地负担票据债务，但是持票人并没有取得相应的票据债权。可见，无权利抗辩是关于票据权利取得的抗辩，其与物的抗辩、人的抗辩与有效性抗辩不同，具有自身的特殊性。虽然无权利抗辩是全部票据债务人都能够提出的抗辩，但是，基于票据的

---

① 王卓：《票据抗辩理论研究》，博士学位论文，吉林大学，2008 年，第 89—90 页。

流通性，并出于对票据第三取得人保护的需要，其会根据善意取得制度受到一定的限制。"[①]

一　无权利抗辩与人的抗辩的个别性

在人的抗辩关系中，只有当事人能够援引其进行抗辩。票据按照 Y→A→X 进行转让时，Y 不能援用对 A 的人的抗辩而拒绝 X 的请求，同时，Y 也不能援用 A 对 X 的人的抗辩，这就是人的抗辩的个别性。票据债务是无因债务，人的抗辩的当事人间是个别地对应票据债务关系。但它只是不对票据债务的效力和存在产生任何影响的票据以外的关系。因此，人的抗辩只能由直接的当事人进行。但是在以下情况，人的抗辩的个别性存在着疑问：首先，由于票据债务是无因债务，所以即使 Y 和 A 之间的原因债务无效，若 Y 对 A 开出的票据有效，A 虽然是票据上的权利人，但 Y 不拘泥于此，对于 A 的请求，可以以原因关系无效进行人的抗辩。其次，与人的抗辩的个别性相关，票据按照 Y→A→X 进行转让时，A 能够对抗 X 的抗辩，Y 是否能够援引对抗 X 的票据金请求，特别是 Y 将 A 与 X 之间的原因关系的消失作为抗辩事由能否拒绝 X 的请求，这也是一个问题。另外，在同样的关联中，不仅是 Y 与 A 之间，A 与 X 之间的原因关系也无效或不存在，也就是所谓的双重无权情况下，Y 是否能拒绝 X 的请求，若能拒绝，其根据又是什么。依传统票据行为有因论，对于上述的直接当事人之间的抗辩、后手的抗辩和二重无权抗辩，学者通常以不当得利抗辩或恶意抗辩、滥用权利抗辩作为理

---

① 　郑宇：《黑龙江社会科学》，2009 年第 2 期，第 178—181 页。

论基础对抗持票人的请求。而依创造说为基础的权利转移行为有因论，根据权利移转有因论，存在有效的原因关系的前提下，由A到X进行背书转让，此后A、X之间的原因关系合同被取消、解除，而导致原因关系消失时，认为票据上的权利由X恢复到原来的权利人A。也就是说，票据行为关于权利的转移对于原因关系而言是有因的。这样一来，债务人Y对于无权利的形式上的持有人X来说，可以主张无权利的抗辩而拒绝支付。

无权利抗辩是指债务人否定票据持有人是票据上权利人的抗辩。① 例如，盗取、拾到A所持有的票据的X虽然是票据持有人，但却不是票据上的权利人。X通过伪造A的签名，使票据发生背书连续并作为持有人进行票据金请求时，如果出票人Y知道其中的情况，可以以持有人不是票据上的权利人为理由进行抗辩拒绝支付，这就是无权利的抗辩。无权利的抗辩、欠缺清算能力的抗辩（例如，持有人已经破产的抗辩、票据债权被扣押的抗辩）及欠缺背书连续的抗辩，都是票据债务人可以对特定的票据持有人进行对抗的人的抗辩。无权利的抗辩只能对无权利人进行主张，虽然不能由此认为无权利抗辩不是人的抗辩的一种，但是被主张抗辩的人，只限于特定的人，其他任何人都存在于抗辩关系中，在这一点上与狭义的人的抗辩是不同的。依票据法原理，持有人X通过背书的连续而被认为是权利人，从这一点来看，主张无权利的抗辩的人必须证明X是无权利人。

对于从无权利人X手中善意且无重大过失而取得票据的D，

---

① ［日］加藤良三：《有价证券法理——有价证券法総論·手形小切手法》，中央經濟社2007年，第142页。

出票人 Y 不可以主张无权利的抗辩。这样，新的票据持有人通过善意取得制度取得票据权利。无权利的抗辩是由无权利人的后手而被切断的，但"这种关系是票据法第 16 条第 2 项的一个问题，在这种情况下不能称为'抗辩的切断'。"① 也就是说，无权利抗辩是由善意取得治愈的。即在票据权利转移行为有瑕疵的情况下，对于没有恶意、重大过失的票据取得人来说，其瑕疵被治愈，权利取得被承认。②

二　直接当事人之间的抗辩

由于票据债务是无因债务，人的抗辩的当事人之间是个别地对应票据债务关系。因此，人的抗辩只能由直接的当事人进行。在人的抗辩关系中，只有当事人能够对其进行抗辩。换句话说，一般认为直接当事人之间的抗辩不适用票据抗辩切断的限制，这属于票据抗辩的例外，也是票据无因性之所不及。对于票据无因性的效力所不及的情形，学者意见也有不同，但在直接当事人之间不适用票据抗辩切断基本没有异议。于莹教授认为，"在授受票据的直接当事人之间，票据原因关系的效力直接影响他们之间票据关系的效力。"③ 日本学者川村正幸认为，原因关系给票据带来的影响包括基于原因的抗辩的对抗和利益偿还请求权的成立。对基于原因关系的抗辩，他认为，"如果根据票据的无因

---

① 　[日] 加藤良三：《有価証券法理——有価証券法総論·手形小切手法》，中央経済社 2007 年，第 143 页。

② 　对于适用人的抗辩与无权利抗辩及人的抗辩与善意取得的区别，详见本文第三章第四节。

③ 　于莹：《论票据的无因性原则及其相对性——票据无因性原则"射程距离"之思考》，《吉林大学学报》2003 年第 4 期，第 102—107 页。

性，即使在原因关系的无效、不存在、消失的场合，票据债务也是有效成立的，但是，在票据授受的直接当事人之间为了平衡利弊，票据债务人可以通过基于原因关系的抗辩的形式（人的抗辩）来向对方抗辩。《票据法》的第 17 条是以在直接当事人之间承认所有抗辩的对抗性为前提的。但是，根据同条规定的限制人的抗辩的法理，人的抗辩不可以对受让人进行对抗。"①

可见，对于在原因契约无效时开出的票据，当事人之间不能基于这样的票据进行请求，对于这一点没有异议。当事人不能对抗这样的人的抗辩，也就是 Y 给 A 开出汇票，原因契约无效时，Y 能够援用其无效契约拒绝 A 对票据金的请求。问题是它的依据是什么？A 为票据上的无权利人，还是 A 虽为票据上的权利人，但其权利的行使被抗辩所阻止？应该怎样理解票据的无因性？人的抗辩的依据是什么？与这些基本的问题有关。

（一）相关学说

第一种观点认为直接当事人之间也是无因的。根据传统的无因论，票据上的权利即使在原因关系的当事人之间也不依赖于此原因关系，原因契约的无效也不影响票据上的权利。若将票据关系和原因关系严格区分开，在原因关系的当事人之间，理论上也不能够援用原因契约的无效而拒绝票据的请求。但这种情况能够主张将原因契约的无效当作人的抗辩。也就是说，在上面的例子中，A 虽然是票据上的权利人，但 Y 也不能援用上述人的抗辩

① ［日］川村正幸：《基礎理論手形·小切手法（第二版）》，東京法研出版社2007 年版，第 30 页。

而拒绝 A 的请求。其依据是：（1）票据上的债务是实质关系的手段。因此，不拘泥于票据上负担债务的事由在当事人间的消失，以其抽象性为由允许其变更权利，这不得不说是本末倒置的。（2）根据票据负担无因债务其本身被视为一个完成债务的行为，在原因契约无效或消失时，无因债务的负担形成了不当得利；基于票据的请求，将不当得利的抗辩作为免除请求权及票据的返还请求权的内容能够进行对抗。原因契约的无效是由于不法的原因也就是强行违反法规或公共秩序，在这种情况下，以下两种看法是相互对立的：①无因论是彻底的人的抗辩或与此相同，将票据债权的存在作为前提不限于民法支付目的是负担债务这一特殊性，应该承认拒绝支付债务人的抗辩。②在这种情况下，应该将票据行为本身视为无效，因此，以票据债务的成立为前提的不当得利的抗辩，其构成是不妥当的。① 最后的这一观点作了有因的解释，在以前的很多判例中也有这种观点。无论怎样，根据这些传统的理论，在原因关系的当事人间，票据上的权利人即使不主张或证明有效原因关系存在也能够请求履行债务，为了拒绝此请求，票据债务人一方必须主张并证明原因关系无效，票据债务的无因性对以上两点具有重要意义。

第二种观点认为直接当事人之间是有因的。也就是票据持有人和票据债务人不是原因关系的当事人，只有在持有人是票据转让人的情况下，票据债券才是无因的，但是在原因关系的当事人间，票据持有人基于票据而主张的权利，是因票据的接受而变化

---

① ［日］小桥一郎：《票据债券的无因性》，铃木竹雄、大隅健一郎：《票据法支票法讲座（1）》，有斐阁1965年，第59页。

了的原因关系上的债权。据此，若原因契约是无效的，当事人间原先票据上的权利是不成立的。① 因此，在上个例子中，Y 能够主张票据上的权利不成立而拒绝 A 的请求。在这种情况下，拥有形式资格的票据持有人，被推断为无因债权的债务人，因此，原因关系的当事人间在依据票据而提出请求时，没有必要在起诉书上写明原因关系，但是若被告方证明原告和被告是原因关系的当事人，以上的推断就被推翻了，原因关系上的债权就成为诉讼标的，根据与原因关系相关联的证明责任来处理。就这一点，这种说法承认了传统的无因论，使当事人间的证明变得易行，只是在极小的范围内承认了票据的这种功能。

　　第三种观点是将票据行为分为书面行为和交付行为两个阶段。书面行为中负担票据债务的行为是无因的，票据上债务的转移行为——交付行为是有因的。因此，原因契约即使是无效的，负担债务行为也是有效的，而权利转移行为是无效的。因此，在上一个例子中，对于 Y 负担票据上的债务是有效的，但由于原因契约的无效，与此对应的从 Y 到 A 转移票据权利的行为是无效的，因此，A 不能取得对 Y 的票据上的权利，他变成了无权利人。当然，Y 能够主张 A 无权利而拒绝其请求。这个结论与上述的有因论相似，但这种观点在以下几方面与其有着根本性的不同，在当事人之间，负担票据债务的行为本身是无因的原因关系不能成为诉讼标的等。根据这种观点，接受 A 票据转让的 X 所受到的保护是因善意取得还是因人的抗辩的切断，也有不同的看法。②

---

　　①　［日］深见芳文：《关于票据关系的相对性》、大隅一郎：《企业法研究——大隅健一郎先生古稀纪念》，有斐阁 1977 年，第 344 页。
　　②　参见前田庸《手形法·小切手法》，有斐阁 2005 年，第 914 页。

在原因契约无效的情况下，Y 能够拒绝 A 的请求，是基于票据债权还是基于票据行为的无因性，其根据不同导致了不同的结果。同时，以 A 的票据上权利为前提，将 Y 的抗辩视为与此对抗的抗辩权（人的抗辩），还是将其视为票据上的权利不存在或即使存在也主张 A 无权利的事实抗辩。两者的不同在于前者法官不能用职权来作裁判，其他人也不能援用其进行抗辩，而后者却不同，这就产生了诉讼效果上的差异。除此之外，在第三人让渡票据时，人的抗辩切断的规定是否还适用，这些方面都体现了其所产生的不同结果。

（二）本书观点

以交付契约说（或发行说）为前提将票据行为的无因性作为一个问题，债务的负担和权利的转移作为一个整体都包含在交付契约中（或发行行为），因此，不仅是债务负担，债务的转移也是无因的。当事人间原因契约的无效构成人的抗辩，在此范围内，根据不当得利的抗辩这一理论进行说明是很有说服力的。可是，本书认为，根据创造学说，把原因关系的瑕疵全都看成是"无权利的抗辩"这一解释更加妥当，可以对后手的抗辩和二重无权抗辩一体适用，做到理论上的统一。

根据创造学说，债务的负担是由独立的书面行为完成的，交付行为成立，票据上的权利转移。即使将作为负担债务的行为——票据行为视为无因的，也不应当然地将交付行为也视为无因的。因此，以创造学说的立场，若将交付行为视作无因的，这种解释也是可能的，但这无疑是受到交付契约说（或发行说）无因性理论的影响。关于票据取得人成为权利人的条件，创造学说主张占有说、善意说、所有权取得说等各种观点，但是关于交付行为本身的性质，基本上与一般的权利转移行为没有不同。若这样，考虑创造学说将交付行为视为有因的这种想法，在理论上解释就比较容易。由此，原因契约的无效使票据持有人成为无权利人，因此，这就不是人的抗辩问题了。由于人的抗辩的个别性毋庸置疑，因此，所有的债务人就能够主张原因关系的无效。因票据持有人的转让而得到票据的第三人，因善意取得而受到保护。

三　后手的抗辩

汇票按照 Y→A→X 的顺序转让后，持有人 X 与其前手 A 之间的原因关系无效、消灭或不存在的情况下，X 不将票据返还给 A，而请求出票人 Y 进行支付，票据债务人 Y 对 X 的票据金请求能够拒绝支付吗？如果能拒绝支付，那么其法律根据是什么？Y 能够以 A 对抗 X 的原因关系消灭等抗辩事由对抗 X 吗？这就是所谓的后手的抗辩问题。

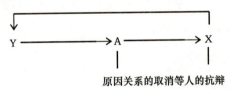

原因关系的取消等人的抗辩

根据传统的无因论，原因关系的消失是人的抗辩事由，只能够在原因关系的当事人间进行主张（即人的抗辩的个别性），因此，Y 不能用 A 对 X 所有的抗辩（所谓的后手的抗辩或他人的抗辩）而拒绝 X 的请求。但是参照当事人的利益衡量，这个结论是否妥当呢？若不妥当，那么必须要考虑能够拒绝请求的理论依据。承认 Y 滥用权利的抗辩或不当获利的抗辩等。排斥 X 的请求的看法是怎样的？在这种情况下的条件又是什么？或若根据修正无因论将票据的交付行为视为有因的另一种看法，是否能够直接导出 X 无权利这一观点？围绕以上问题，在学说和判例中展开了激烈的争论。

（一）相关学说

关于这个问题，日本的判例和学说大致有三种：第一种学说彻底地贯彻了票据的无因论。即使背书的原因关系消失了，只要票据未被返还，票据关系就不受到影响，X 仍然是票据的权利人，持有人 X 与其前手 A 之间的原因关系无效、消灭或不存在等事由只是 A 能够对抗 X 的人的抗辩，根据人的抗辩的个别性，Y 不能援用这一抗辩拒绝 X 的请求。小桥一郎、大冢龙儿等学者持此观点。[①] 与此相对的第二种学说肯定票据的无因性，承认 X 是权利人的同时，认为 Y 能够援用滥用权利和违反信义原则或一般恶意的抗辩等一般条款拒绝 X 的请求。服部、木内等学者持此观点。[②] 第三种学说以二阶段创造说为理论基点，将票据行为分为债务负担行为和权利转移行为，前者是无因行为而后者是有因行为，因此，若 A、X 间的原因关系消失了，票据上的权利又重归于 A，X 就成为无权利人，任何人都可以对抗无权利人的支付请求，则 Y 自然就能够对抗 X 这一无权利人了。该学说为铃木竹雄、前田庸、竹内昭夫、平出庆道等教授所主张。[③]

---

① 参见［日］小桥一郎《票据债券的无因性》，铃木竹雄，大隅健一郎：《票据法支票法講座（1）》，有斐閣 1965 年，第 58 页。

② 参见服部、木内《不當得利抗辯》，《石井照久先生追悼論文集商事法諸问题》，有斐閣 1975 年，第 379 页；［日］木内宜彦：《手形の原因关系和手形抗辩》、《手形研究》1973 年第 9 期，第 136 页。

③ 河本一郎：《手形抗辯》、《手形法》、《小切手法講座（3）》，有斐閣 1977 年，第 31 页。

　　从理论基础上看，第一种学说和第二种学说都是以传统票据行为无因论作为前提，与以修正后的无因性为理论基础的第三种学说相对立。从结论上看，第一种学说承认 X 的请求，第二种学说和第三种学说都不承认 X 的请求，在这点上后两者是相同的。

　　第一种学说未涉及滥用权利的法理等一般条款，第二种学说与其所下的结论相反，但是二者都认清了当事人具体的利益情况，在这点上是相同的。因此，从这点来看，首先，就 Y 而言，其合法负担票据债务，并未获得不当得利，但若不同意 X 的请求，X 不将票据返还给 A 或毁约时，Y 免去了票据债务获得了不当得利，这是根据第一种学说得出的说法。与此相反，上述说法可能遭到如下的反驳：其是票据证券性的当然结果，还是 X 对于 A 的不法行为的问题，这不能成为责备 Y 的理由。其次，从 A 来看，若承认 X 对 Y 的请求，A 不将 X 收到的票据金的返还作为不当得利而必须索求，若不同意 X 的请求，A 为了向 Y 索求必须从 X 手中取回票据。无论怎样，A 都有责任取回应该取回的票据。最后，从 X 来看，第二种学说和第三种学说承认 X 的请求，不同意实质性的与重复支付产生同样结果是不当的这一观点。从第一种学说的观点来看，若没有获得不当得利，X 未将收到的票据金还给 A，这种情况也只是不返还票据这一事实的变化形式，不会允许行使 Y 的权利。但与此相对，若将不返还票据这一事实视为违法的，那么，也不能承认权利的行使，有可能出现再次批判的情况。

　　对于是否应该承认 X 的请求，从结果看不应该承认，但若不承认其理由又是什么。依第二种学说的观点，取决于滥用权利

的抗辩这一构成。与此学说不同，一般性的批判不应该将一般的
款项轻易地纳入票据上的法律关系，除此之外，原因关系的消失
使票据持有人 X 滥用权利而进行请求，这一构成是否适用应该
具体地、个别地判断滥用权利的法理，而且若这种情况不承认规
定的 X 的权利的行使，X 是否就是无权利人也被批判。因此，
同样以无因论作为前提，作为票据持有人 X 行使票据债权的结
果，有可能获得不当得利，在这种情况下，债务人 Y 能够提出
不当得利的抗辩，援用 A、X 之间的人的抗辩，或者因为 Y 的支
付是恶意的，不能归为 A，在这种情况下，拒绝 X 行使权利的抗
辩，对于因票据的无因性产生的不公平状况是必要的、必然的和
固有的。与当事人间原因关系的抗辩是同样的性质。前者是作为
破坏人的抗辩的个别性理论而主张的，而后者是在人的抗辩的范
围内进行解决的，总之，二者是不同的。但无论哪种观点，都是
试图将滥用权利等一般条款明朗化。因 A、X 之间的原因关系是
不法而无效的情况，以下两种观点是对立的。①在这种情况下，
通过人的抗辩的个别性，承认 X 的请求。②承认对 Y 的滥用权
利的抗辩，排斥 X 的请求，除此之外，在这种情况下，因为 A、
X 之间的票据行为本身就是无效的，X 也就成为无权利人，这是
一种有因性的解释。

　　第三种学说的观点是将排斥 X 的请求的结论导入票据理论
的范围内。这种学说的特点是以创造学说为前提。依创造学说，
根据署名对自己的票据债权是成立的，若将票据的交付解释为生
成票据债券的转让行为，如果 A、X 之间的原因关系消失，X 拥
有的对 Y 的权利和对 A 的权利都归于 A。但发行说和交付契约
说认为，交付行为是负担债务行为同时也是移转权利行为，是不

可分割的，因此，产生下面的困难：由于 A、X 之间的原因关系消失，X 对 Y 的权利归于 A，但因债务负担行为的无因性，X 对 A 的权利是否还应该属于 X 或者随着交付行为消失，其权利也消失。对 Y 的权利和对 A 的权利归属于不同的主体，也就是说，前者归属于 A 或者归属于 X 是不合理的结果。或者债务负担行为是无因的这一前提消失了。因此，若以发行说或契约说为前提导出同样的结论，直接当事人间是有因的，但与善意第三取得人间是无因的，必须这样相对地考虑。站在这个立场上，A、X 间的原因关系的无效和消失使他们间的背书无效，将 X 视为无权利人，因此，Y 能够对此进行证明，拒绝支付。无论怎样，根据这些观点，X 是票据上的无权利人，票据债务人不管谁都应该可以进行证明拒绝支付，因此，这种情况下 Y 的抗辩，不再以人的抗辩的个别性为前提的"后手的抗辩"这一范畴。

（二）本书观点

从案例处理结果的公平性来看，即使承认 X 的请求，X 得到 Y 所支付的票据金额的不当得利，也必须返还给 A，因此，为了简单起见，一开始就不应该承认 X 的请求。问题是它虽然有自己的理由，但只要以传统无因论作为前提，根据人的抗辩的个别性，Y 就不能够援用 A、X 间的原因关系消失的人的抗辩，这种构成是很困难的。根据不当得利抗辩的解决方法（服部教授），只要 X 不当得利时，Y 能够援用 A、X 之间的人的抗辩，否定对恶意的持有人的无因性，另外，将 Y 的抗辩同样视为原因关系上的抗辩（木内教授），也是变换形式的滥用权利的抗辩论，结果是承认 Y 的滥用权利或违反信义原则的抗辩，只要以此立场为前提就是最妥当的。关于滥用权利的抗辩范围，有种观点认为就是重复无权的情况，与 Y、A 间是否存在原因关系无关，A、X 间的原因关系的无效和消失导致 X 的请求变成滥用权利，能够阻止 X 行使不当的权利，从这一点来看是妥当的。原因关系一部分无效或不存在时也应该排斥 X 的请求。以上结论，并不停留在滥用权利或违反信义原则等一般条款。从第三种学说（交付行为有因论）的立场也能够导出。本书同意这种说法。在有因论中，也有相对的见解，例如，当事人间是有因的，对第三人是无因的，又如，交付行为对前者是有因的，对后者是无因的。根据这些也能导出相同的结论。

　　根据权利滥用理论和权利移转有因论都能导出同样的结论，即 A、X 间的原因关系无效或消失导致 X 不能向 A 行使票据金请求权。那么两种理论比较，哪一种更适合呢？正如前田庸教授所言，"在 B、C 间的原因关系消灭的情况下，特别是 C 对 A 的权利行使不当的案例，依据权利滥用论通常拒绝 C 的权利行使，这在结果上无疑否定了权利转移行为的无因性。无疑，使用权利滥用论只是权利滥用论的滥用"。另外，是依据有因论将 C 作为无权利人，还是把 C 作为权利人以后再依据权利滥用论拒绝其行使权利，在适用结果上也是有差异的。[①] 所以，还是以权利移转行为有因论作为后手抗辩的理论基础更为妥当。

四　二重无权抗辩

　　汇票按 Y→A→X 的顺序转移，不仅 A、X 间的背书关系，Y、A 间的出票原因关系也消失时，Y 是否能拒绝 X 的请求？一般认

---

① 具体论证参见本书第二章第二节。

为，Y能够拒绝X的请求，并将Y此种情况下的抗辩叫作二重无权抗辩。类似的情况，如Y、A间的原因关系不存在，A、X间的原因关系中一部分不存在的情况，这一部分是否能被承认？情况相反又会怎样？再如，Y对X具有无效、消失的原因关系以外的人的抗辩，A、X间的原因关系不存在的情况又是怎样的？以上问题涉及二重无权抗辩的适用范围及其性质。另外，恶意抗辩及在隐存委任取款背书①中能够对抗背书人的抗辩，信托背书说主张这两种抗辩能够作为对抗被背书人的根据，这与所谓的欠缺固有经济利益的抗辩有怎样的关系？以下对这些问题进行探讨。

（一）相关学说

原因关系的二重消失及二重欠缺的情况，若严格依据人的抗辩的个别性，A能够对抗X，Y不能援用此抗辩，并且Y能够对抗A的抗辩，只要不是X恶意取得票据的恶意抗辩，就不能对抗X，因此，不得不承认X的请求。但是，尽管依据人的抗辩的个别性应该得出如此结论，在学界和实践中，通常认为，Y能够拒绝X的请求，这一点不存在异议。二重无权抗辩的判例，除了Y、A间及A、X间原因关系全部不存在的情况，还有Y、A间原因关系全部不存在，但A、X间只是一部分不存在的情况，以及Y、A间和A、X间都是一部分不存在的情况，都被广泛地肯定。② 因为即使依据人的抗辩的个别性承认X对Y的请求，X取得的票据金额也作为不当得利必须返还给A，并且A又因对Y构成不当得利

---

① 隐存委任取款背书，又称信托背书（Endorsement of Credit），是指汇票持票人以取款为目的委托被背书人，即将自己应当享有的取款权委托被背书人（或他人）行使（或处理），但未将此目的记载于汇票上而进行的背书。

② ［日］木内宜彦：《手形·小切手法》，新青出版社2007年版，第344页。

而必须返还给 Y，因此，票据金额由 X 经过 A 再次返还到 Y 手中，这样，纯粹依据人的抗辩的个别性承认 X 的请求是没有任何实际意义的。所以，Y、A 间和 A、X 间无论原因关系全部消失还是部分消失，Y 都能够就该部分拒绝 X 的请求。

关于二重无权抗辩的性质，有以下三种不同的观点：

第一种学说认为，在二重无权抗辩的情况下，成立不当得利返还请求权。即在 A、X 关系中，X 没有理由保留票据；在 Y、A 关系中，Y 没有必要支付票据金额。X 若从 Y 手中获得票据金额，X 是在 Y 的损失上获利，因此，Y 对 X 能够直接以不当得利进行抗辩。[①] 仓尺教授认为，"若承认所谓后手的抗辩或者滥用权利的抗辩，二重无权的抗辩不应该成为问题。虽然有昭和四三年的判例，但是关于这个问题，最高法院认为以是否能对抗 X 来判断 Y 对 A 的人的抗辩权是非常正确的。与后手的抗辩的情况不同，二重无权的情况，前者人的抗辩的有无取决于持有人取得票据时是否有正当的对价。从等价关系的观点来看，这种情况下的 X 和 Y 成为不当得利返还的直接当事人。"[②] 另外，以相同的理由，还有一种观点认为，在这种情况下（并且只在这种情况下），Y 对 X 的请求能够援引滥用权利的抗辩。[③]

第二种学说认为，若 A、X 间的原因关系消失了，X 收到的票据金额不一定必须返还给 A。在此，X 与隐存委任取款背书的被背书人有着相同的地位，所以 Y 能够对抗 A 的抗辩也能对抗

[①]　转引自［日］木内宜彦：《手形·小切手法》，新青出版社 2007 年版，第 344 页。

[②]　同上书，第 346 页。

[③]　［日］官原菊志：《原因关系的消失和票据上的权利》，《判例演习讲座》、《商法》，日本评论社 2007 年版，第 175 页。

X。就其理论根据来说，关于隐存委任取款背书可以适用资格授予说，依信托背书说缺少应该承认对被背书人 X 的抗辩切断的固有的经济利益。① 在二重无权的案例中，不是根据隐存委任取款背书的理论构成，而是依据将隐存委任取款背书中缺少固有经济利益这一理论一般化而形成的固有经济利益论为根据的，即"如果规定人的抗辩切断的法律主旨是为谋求票据交易安全而保护持票人的利益，那么，对那些被认为谋求票据金的支付却不拥有任何经济利益的持票人来说，就不能享受抗辩切断所带来的利益"。② 木内、田边等日本学者采取这一立场。根据这一理论，"当自己的背书的原因关系消失，X 可以不将票据返还给背书人，请求票据的支付却没有任何经济利益的票据持有人应该不能享受抗辩切断的利益。"③

　　第三种学说就是前述的交付行为有因论。根据这一学说，只要 A、X 间的原因关系全部消失或部分消失，X 在票据上的权利就归属于 A，X 成为无权利人，因此，Y 对 X 能够进行无权利抗辩。④ 根据这一学说，二重无权抗辩就包含在 X 是无权利人这一抗辩中，没有必要将其视为独立的抗辩。

　　无论依据上述哪种学说，最终都能导出 Y 能够拒绝 X 的请求这一结论，但是也存在反驳这些观点的看法。对于第一种学说，上述观点是较有力的，但是德国民法是这样解释的，因为指

---

　　① ［日］鸿常夫、竹内昭夫等：《票据支票法百选》，有斐阁 1997 年，第 217 页。
　　② 日本最高裁判所判决 1970 年 7 月 16 日民集 24 卷 7 号，1077。
　　③ ［日］盐田亲文：《无权代理的背书转让与票据法》第 16 条 2 款《民商法雜誌》（第 65 卷 1 号），1973 年，第 126 页。
　　④ ［日］深见芳文：《关于票据关系的相对性》，大隅健一郎：《企业法研究——大隅健一郎先生古稀纪念》，有斐阁 1977 年，第 349 页。

示是无因行为，所以贯彻无因性肯定 X 的请求，在此基础上，从 X 得到票据支付的 A 以及从 A 得到票据支付的 Y 作为各自的不当得利只能够请求返还。关于第二种学说，无论 A 和 X 的意思为何，其实质关系就是隐存委任取款背书，其构成存在疑问，而且缺少固有经济利益这一情况界限很不明确，因此遭到批判。批判以第三种学说作为票据理论前提的观点也存在。

　　无论哪种观点都存在问题，而且每种观点中，拒绝 X 请求的 Y 的抗辩所涉及的范围也有差异。本来二重无权抗辩是在 Y、A 间和 A、X 间的原因关系全部消失或不存在的情况下成立的，但是前述滥用权利的后手抗辩，Y、A 间的原因关系存在，A、X 间的原因关系不存在，这与承认二重无权抗辩的情况相冲突，适用范围更广。滥用权利的抗辩与 Y、X 间的关系暂且不论，是不允许 X 请求自身的抗辩的，但二重无权抗辩中，Y 能够对抗 A 的抗辩也能对抗 X，只要是这种构成，就是人的抗辩不被切断的一种情况。基于这点的二重无权抗辩与在隐存委任取款背书情况下缺少固有经济利益的抗辩以及恶意抗辩相同。只是与二重无权的抗辩相比，隐存委任取款背书在 Y、A 间的抗辩原因关系上不一定消失或不存在，在这点上范围更广，A、X 间的关系是委任取款，在这点上范围较窄。与此相对，恶意抗辩要求 X 恶意取得票据，在这点上范围较窄，A、X 间是否存在抗辩事由并不是问题，在这点上范围较广。第三种学说的无权利人的抗辩与在判例中滥用权利的抗辩就适用范围来看不存在差异。

　　（二）本书观点

　　在二重无权抗辩的情况下，承认 X 的请求实质上只是支付的票据金额的循环，是没有意义的，因此，Y 应该能拒绝 X 的请求，对这一点基本没有异议，争论的焦点集中于其援引的理论根据的不同。判例学说上，缺少应该承认对 X 的抗辩限度的固有经济利益。固有的经济利益也可以叫作"任何的经济利益"，若将支付对价作为票据取得的条件之一，就像英、美、法一样将有偿取得视为抗辩限制的条件，在 A、X 间缺乏对价关系或原因关系时，Y 对 A 的抗辩当然也能对抗 X，由此在与 Y 的关系中与 A、X 间不存在权利转移的情况产生了同样的结果，若这样，实质上与将权利转移行为视为有因的观点相接近。另外，在直接的关系中，Y 能够对抗 X 不当得利的抗辩，对于持有这种观点的第一学说，二重无权抗辩不一定以无因的法律关系为前提，由这种二重无权产生的不当得利的抗辩这一理论破坏了将无因性作为前提的人的抗辩的个别性，这一理论不是在直接的当事人之间而是在 Y、X 分离的当事人关系间能够在何种程度上适用，关于这一点在德国也有争议①。二重无权的抗辩虽以无因性为前提实质上却导出了与有因论同样的结果，有如直接从第三种学说也就是将票据上的权利转移行为视为有因的这一观点来说明。据此，A、X 间原因关系的消失使 X 成为票据上的无权利人，所以 Y 只要证明这一点，不用证明关于 Y、A 间的原因关系消失时 X 是善意或重大过失，也能够拒绝 X 的请求。

第二节　无因性例外之二——无对价抗辩

所谓无对价抗辩，是指票据债务人拒绝持票人行使票据权利

---

① ［日］木内宜彦：《手形抗弁の理论》、《木内宜彦论文集（1）》，新青出版社 2005 年版，第 340 页。

的理由在于，持票人获得票据并未支付相应对价。"对价本为英美法系的概念，但随着英美法系与大陆法系的逐渐融合，对价的概念已为大陆法系所吸收，因此，无论是英美票据法系或是大陆票据法体系及日内瓦统一票据法系都规定了票据的对价制度，要求在取得票据时给付对价持票人，享有完整的票据权利，而在无对价取得票据时，对票据持有人的票据权利作出适当的限制。"[1]

一　无对价抗辩的效力

我国《票据法》第 10 条第 2 款规定："票据的取得，必须给付对价，即应当给付票据双方当事人认可的相对应的代价。"第 21 条第 2 款规定："不得签发无对价的汇票用以骗取银行或者其他票据当事人的资金。"第 11 条第 1 款规定了给付对价的例外，即"因税收、继承、赠与可以依法无偿取得票据的，不受给付对价的限制。但是，所享有的票据权利不得优于其前手的权利"。在法国票据法时代，以票据对价的存在作为票据行为成立的要件，而在其后的日内瓦统一票据法时代，则摈弃了这一阻碍票据流通的规则，转而采用单纯的形式性要件，不再苛求实质上对价关系的有无。但这并不等于票据对价在票据权利义务关系上毫无作为。应该说，尽管票据对价在票据行为成立上并无特别的作用，但在持票人权利行使上却可能发生重大影响。[2] 持票人取得票据未给付对价或未给付相当对价的，票据债务人可以与持票人前手之间的抗辩事由对抗持票人。票据对价所达到的法律效

---

[1]　高子才:《票据法实务研究》，中国法制出版社 2005 年版，第 347 页。

[2]　赵新华:《中日票据法上之"对价"研究》，渠涛:《中日民商法研究》（第八卷），法律出版社 2009 年版，第 275—288 页。

果，是票据关系与原因关系相互牵连的一种体现，同时也是票据无因性原则效力所不及的情形之一。①

我国台湾地区"票据法"第 14 条第 2 款亦规定，无对价或以不相当对价取得票据者，不得享有优于前手之权利。可见，票据的取得应当给付对价。关于对价的性质，我国有学者认为，上述条文受英美票据法上的约因理论的影响，但没有确立因约因欠缺而致使票据无效的原则，只是接受因约因欠缺或失效减损票据权利的观念而已。取得票据未给付对价，或所给付的对价不相当的，因两岸票据法的票据关系为无因关系，持票人仍有效取得票据权利，只是其所取得票据权利因对价欠缺或不相当而减损而已。其权利的减损表现于其不得享有优于其前手的权利。② 赵新华教授认为，票据法上的对价并非约因，对价所表现的乃是与票据关系相关联的原因关系，换言之，票据法上的对价，乃是原因关系上的对价，而不是票据关系上的对价；票据法上的对价之基本价值，乃在于其据以构成对人抗辩中的对价抗辩之要件，而不是构成票据关系成立之要件，这在日本票据法上是明确的，而在中国票据法上则表现暧昧而需要加以澄清。③

我国《票据法》第 11 条对无对价受让票据列举了三种情形，即税收、继承、赠与，而实践中，除这三种情况之外，还有很多无对价取得票据的情形，如公司兼并、委托收款背书等，对

① 于莹：《论票据的无因性原则及其相对性——票据无因性原则"射程距离"之思考》，《吉林大学学报》2003 年第 4 期。

② 邱国侠、张红生：《海峡两岸票据抗辩限制原则除外制度研究》、《华东经济管理》2003 第 6 期。

③ 赵新华：《中日票据法上之"对价"研究》，渠涛：《中日民商法研究》（第八卷），法律出版社 2009 年版，第 275—288 页。

于这些无对价取得票据的情况，我国票据法没有规定，这一点也为学者所诟病。建议将《票据法》第 11 条删除，在第 10 条第 2 款之后增加第 3 款规定，"不给付对价的，其所享有的票据权利不得优于其前手的权利"。①

二　无对价时人的抗辩限制例外的理由

对于票据法及相关理论将无对价或不以相当对价取得票据的抗辩规定为票据抗辩限制原则的例外，无对价取得票据的持票人，其所取得票据权利，因无对价而减损，意即其不得享有优于其前手的权利。持票人所可以享有的权利既然不优于其前手，票据债务人当然可以其与持票人的前手间所存在的对价抗辩事由对抗持票人。之所以如此规定，其主要理论依据在于：

首先，基于利益平衡的考虑。票据抗辩限制原则虽为促进票据债权的流通而服务，但有时难免牺牲票据债务人的利益而有失公平，因此，票据法需要在此处找到一个平衡点，鉴于此，票据法设计了对价抗辩制度，持票人取得票据既无对价或对价不相应，则难免有恶意的成分存在，即票据债务人可因持票人恶意取得票据而对抗之，但不得以自己与出票人或持票人的前手之间的抗辩事由对抗善意持票人，除非该持票人取得票据时未支付对价，且前手存在可抗辩事由。无对价取得票据的人不应享有优于其前手的权利，所以在票据抗辩这一点上，也不能优于其前手，换言之，票据债务人对持票人前手所能行使的抗辩，也能对持票

---

① 李伟群：《我国票据法中无对价抗辩制度的完善》，《法学》2008 年第 7 期。

人行使。这样才公平合理，故无对价或不以相当对价取得票据的持票人不应有优于前手的权利。①

其次，基于固有经济利益考量。对于没有遵循对价原则获得票据的持票人来说，因其缺乏自己固有的经济利益，所以法律无须对其进行特殊保护，所以不必让其享受人的抗辩限制所带来的特殊利益。② 这一点与隐存的委任取款背书情形相同。

无对价的效力主要是人的抗辩的限制的例外，除此之外，我国台湾地区"票据法"还将无对价作为善意取得的构成要件之一，这一点与我国票据法及日本票据法有所不同。在我国台湾"票据法"上，票据的善意取得须具备四项要件：（1）须自无权利人受让票据；（2）须受让时无恶意或重大过失；（3）须依票据法规定之转让方法而受让；（4）须给付相当之对价。③之所以如此，也许是受到美国《统一商法典》关于善意取得之成立须给付对价这一规定的影响。我国也应对善意取得制度加以完善，参酌英美法系票据法上的相关规定，附以给付对价之要件。④

第三节   无因性例外之三——恶意抗辩和善意者 进入时的抗辩

从各国票据立法可知，恶意抗辩又称知情抗辩，系指"票

---

①   赵威：《票据权利研究》，法律出版社 1997 年版，第 192—197 页。
②   李伟群：《我国票据法中无对价抗辩制度的完善》，《法学》2008 年第7 期。
③   施文森：《票据法论》，三民书局股份有限公司 2005 年版，第 68—71 页。
④   赵新华：《中日票据法上之"对价"研究》，渠涛：《中日民商法研究》（第八卷），法律出版社 2009 年版，第 275—288 页。

据债务人得对持票人的前手主张对人抗辩的场合，在持票人恶意受让该票据时，票据债务人得以对其前手的对人抗辩事由，对该持票人进行抗辩。也即，如果持票人明知票据债务人与出票人或者与自己的前手之间存在抗辩事由仍故意取得票据时，票据债务人就可以基于其与出票人或持票人的前手之间的抗辩事由对抗持票人"。[①] 与其他抗辩不同，恶意抗辩是基于对票据当事人主观心态的一种价值衡量，是对票据债务人恶意抗辩的一种有效阻止。

一 恶意抗辩不适用抗辩限制的理由

对于恶意抗辩不适用抗辩限制的理由，依据传统票据无因性，诚如小桥一郎所言，票据抗辩限制"不适用于恶意取得票据的第三人，这是因为恶意取得人的态度中有应该被指责的地方。票据中的恶意抗辩，以前存在于对于形式权利、实质权利的防护，信义诚实，权利的滥用"。于莹教授也认为，"持票人取得票据手段不合法即不享有票据权利，票据债务人得对该持票人提出'恶意抗辩'。在票据原因关系上，如果持票人系以欺诈、偷盗、胁迫等非法手段或方式取得票据，或因重大过失或明知其前手票据权利的瑕疵仍接受票据转让的，该持票人不得享有票据权利。但票据债务人对持票人提出此种抗辩时，应负举证责任。这一方面是票据无因性的体现，同时亦是票据无因性原则的例外情形"。[②]

---

① 高子才：《票据法实务研究》，中国法制出版社 2005 年版，第 348 页。
② 于莹：《论票据的无因性原则及其相对性——票据无因性原则"射程距离"之思考》，《吉林大学学报》2003 年第 4 期。

　　从创造说的视角来看，票据抗辩限制适用的前提是票据债务负担行为与权利移转行为均无瑕疵，在这种情形下，票据债权不受票据外法律关系的影响。在持票人主观上是恶意的情况下，票据权利移转行为存在瑕疵，因此不符合抗辩限制制度适用要件。票据抗辩限制是为保护善意持票人而由票据法规定的一种特殊制度，而抗辩限制的例外是使票据抗辩又回归到民法上一般抗辩的正常状态。例如，在采取票据权利转移行为有因论的立场的情况下，Y 以 A 为接受人开出的票据，A 把它向 X 转让背书了，在这种情况下，A、X 之间的原因关系因为 A 被取消了或者被解除了，对于从 X 处取得这个票据的 D，如果对于 A、X 间原因关系取消或者解除的事实明知，即有恶意，不能受善意取得或抗辩切断制度的保护。

二　恶意的内涵

　　我国《票据法》第 13 条通过但书设置了票据抗辩限制的例外，即"持票人明知存在抗辩事由的除外"。因为人的抗辩切断制度是为保护持票人、促进票据流通而设置的，在持票人"明知存在抗辩事由而取得票据"的情况下，从债务人和债权人之间的利益衡量来看，不宜保护该持票人的利益。持票人明知存在抗辩事由是我国票据法规定的恶意抗辩的情况。英美票据法把恶意抗辩包括在知情抗辩之中。《美国统一商法典》规定，知情抗辩包括：（1）票据记载不完整，或伪造、变造的抗辩；（2）票据取得人知晓当事人的债务已全部或部分撤销，或责任解除；（3）票据取得人知晓票据代理人是为自己的利益而为代理行为的；（4）对票据逾期的知情等（第3—304条）。《英国票据法》第 29 条也规定，知情抗辩主要是指：票据取得人对票据让与人在票据所有权上的瑕疵知情。所谓票据所有权的瑕疵是指取得票据或承兑是运用了诈欺、威胁、暴力和恐吓或其他不法手段，或为了获得不合法的约因，或其他流通转让破坏了诚信原则，或在构成诈欺情况下的让与等。[①]

各国立法和学说对"恶意"理解多有不同，大致可归纳为以下四种：（1）把恶意的内容作最狭义的理解，要求取得人与前手间须有损害债务人利益的意思的共谋（共谋说）。该说为英美法、旧时德国的通说和判例及 1912 年的海牙统一票据法[②]所主张。（2）把恶意的内容作最广义的理解，以取得人知道票据债务人对票据让与人（前手）有抗辩存在的事实为已足（单纯认识说）。该说为旧时法国判例、日本通说判例、意大利学说及1910 年的海牙规则草案[③]所采纳。（3）仅以有害于债务人的意思为要件的学说。这是介于前两者之间的学说。日内瓦统一票据法、现行的德、意、法、日等国的票据法均采此说。如日本《票据法》第 17 条但书规定"持有人知道损害其债务人的情况而取得票据的时候"，不能够接受票据抗辩的保护。（4）要求认识到会损害债务人，而且只要认识到即可的学说。[④]

---

① 董惠江：《票据抗辩论》，博士论文，中国政法大学，2006 年，第 68 页。

② 1912 年在海牙召开了票据法国际统一会议，即海牙第二次会议，参加的有 37 个国家，旧中国也派人出席了这次会议，会议拟定了《统一汇票本票规则》、《统一汇票本票公约》、《统一支票规则草案》等文件，这些文件被称为海牙统一票据法。该法得到了大多数与会国家代表的承认，但尚未经有关各国政府的正式批准，即因第一次世界大战中止，尽管如此，很多国家的票据立法都参照了该法。

③ 1910 年由德国和意大利两国提议，荷兰政府在海牙召开了票据法国际统一会议，即海牙第一次会议，参加者有 31 个国家，会议拟定了《统一汇票本票法草案》和《统一汇票本票公约草案》。

④ ［日］山口幸五郎：《恶意的抗辩》，铃木竹雄、大隅健一郎：《手形法小切手法讲座（二）》，有斐阁 1965 年，第 215 页。

在我国，按照《票据法》第 13 条但书的文义解释及我国学界通说，恶意抗辩的恶意采取（2）的意思，即我国的通说沿袭了法国、意大利、日本等国旧票据法时代（日内瓦统一法①之前）的通说和判例上的立场，采用以持票人明知债务人与自己的前手之间存在抗辩而取得票据的宽泛的恶意。不过，在立法之外，学者们已渐渐接受和鼓吹日本等国现行通说的立场，对于我国《票据法》第 13 条但书作"明知有害债务人"的意思内容的解释。② 这种学说和各外国的理论相契合，有其内在的合理性，并且也适应票据法的国际统一趋势。③

"明知有害债务人"的恶意抗辩应该解释为，"债务人对于取得人的前手可以拒绝支付票据金的事情是确实的，或者拒绝支付的事情被预测为确实存在的情况下，明知该情况而取得票据的人，作为知道会损害票据债务人而取得票据的人，接受恶意抗辩的对抗"。④ 这种解释在多数情况下被认为是判断恶意抗辩成立与否的基准。例如，A 为了支付买卖货款而以 B 为收款人开出票据，A 对于这个买卖合同有解除权（根据 A 的债务不履行）或者有取消权（根据 B 的欺诈）的情况下，对于从 B 处接受这个票据的背书转让的 C，知道了 A、B 之间的事情到何种程度，恶意抗辩才成立呢？这可以分成以下两种情况：第一，C 只知道 B 还没有向 A 交付标的物的情况；第二，C 知道 B 有不履行合同

---

① 法国、德国等欧洲大陆为主的 20 多个国家参加了 1930 年在日内瓦召开的国际票据法统一会议，签订了《日内瓦统一汇票、本票法公约》，1931 年又签订了《日内瓦统一支票法公约》，这两个公约合称为《日内瓦统一法》。
② 赵新华：《票据法》，吉林人民出版社 1996 年版，第 125 页。
③ 董惠江：《票据抗辩论》，博士论文，中国政法大学，2006 年，第 69 页。
④ ［日］前田庸：《手形法·小切手法》，有斐阁 2005 年，第 207 页。

或者有欺诈的行为，即知道 A 可以行使解除权、取消权的情况。根据"明知有害债务人"的意思内容的解释，在第一种情况下，因为 B 还没有交付标的物，当然不能被预想为 B 的债务不履行，因此，知道了这件事而取得了票据的 C 不能够知道会损害 A 的利益，恶意抗辩不成立。但在第二种情况下，A 已经具有了解除权、取消权，合同会被解除或者会被取消，这样 C 明知 A 有解除权而取得票据，是能够知道可能会损害 A 的利益，因此，恶意抗辩成立。

持票人重大过失的情形是否构成恶意抗辩是颇值得研究的问题，对此我国学者鲜有论及。日本学说和判例持有肯定说和否定说两种观点：（1）肯定说。比较有关善意取得的《日本票据法》第 16 条第 2 项，以及有关空白票据的不当补充的《日本票据法》第 10 条来看，恶意的抗辩也包括由于重大过失而导致不知的情况，认为在这种情况下不会产生人的抗辩的切断。（2）否定说（通说）。认为人的抗辩切断与善意取得对取得人主观要件要求不同。善意取得没有基于持有人的意思而失去对票据的占有，持有人不负有责任；与此相对，抗辩切断依据自身意思而完成票据行为，持有人不负有责任，应该由债务人负责，所以，从当事人之间的利益均衡的观点来看，前者比后者更重视善意的要件。[①] 本书认为，如前所述，是否把重大过失作为主观要件，正是票据抗辩切断与善意取得制度之间的差异之一。人的抗辩切断不把票据取得人没有重大过失作为要件，比起善意取得在取得人主观要求

---

① ［日］加藤良三：《有价证券法理——有价证券法総論·手形小切手法》，中央经济社 2007 年，第 127 页。

上较宽松。之所以在两个制度中在主观要件上设置这样的差异，主要是因为两个制度所治愈的瑕疵程度不同。善意取得制度是弥补票据行为自身权利转移方面的瑕疵；人的抗辩切断制度发生于票据行为自身没有瑕疵，而票据外法律关系存在瑕疵的情况下。比较瑕疵的轻重，前者重，后者轻。对应该瑕疵轻重的不同，两个制度对于被保护对象的主观性要件也产生了上述的差异。①

三 恶意的认定时间

国内学界通说认为，恶意抗辩中恶意有无的判断时间，应以票据取得时持票人是否恶意为基准，而不是以持票人行使权利时为基准来确定。② 日本的通说也是如此。③ 持票人有无恶意取决于票据取得时，即使取得后知道抗辩存在也不能构成恶意。因为人的抗辩切断制度是为了票据取得人保护的制度，所以这是理所当然的。如果在取得票据之后变成恶意，不能承认抗辩的切断，这对票据取得人是残酷的，而且会影响到票据的流通。在改写票据中，如果在改写前的取得票据时期里不是恶意，那么即使在取得改写票据时是恶意的，也不接受恶意的抗辩。④

---

① 详见本书第三章第四节第三个问题。

② 赵新华:《票据法（修订版)》,吉林人民出版社 1998 年版，第 98 页；赵威:《票据权利研究》，法律出版社 1997 年版，第 196 页；董惠江:《票据抗辩论》，博士论文，中国政法大学，2006 年，第 71 页。

③ ［日］土桥正、今野裕之:《手形小切手 30 講》，青林書院 2005 年，第 172 页；［日］前田庸:《手形法・小切手法》，有斐閣 2005 年，第 464 页；［日］加藤良三:《有価証券法理——有価証券法総論・手形小切手法》，中央経済社 2007 年，第 128 页；［日］川村正幸:《基礎理論手形・小切手法》（第二版），東京法研出版社 2007 年版，第 150 页。

④ ［日］前田庸:《手形法・小切手法》，有斐閣 2005 年，第 464 页。

对于作为恶意内容的抗辩事实，在获得票据的当时没有存在的必要，在行使票据上的权利时存在抗辩事实即可。这是因为，恶意是在承认存在抗辩的基础之上的，由于期满时只要在行使票据上的权利之前进行抗辩就可以，所以必须承认票据债务人对取得人的前者进行抗辩的这一事实。这样，持票人是否为恶意，除了以票据取得时为认定基准，尚需以到期日或票据权利行使时抗辩事由是否成立为辅助标准，即票据取得后到期日届至或票据权利行使前，抗辩事由若未发生，则不成立恶意抗辩；若原因关系在到期日或票据权利行使时，因给付迟延等解除或撤销，持票人就该类事由是否为恶意，应溯及票据取得时是否为恶意。[①]

四　善意者介入时的恶意抗辩

如下图所示，在票据受让人 D 从善意的转让人 C 取得完全切断抗辩的票据时，当 D 知道转让人 C 的前手 B（受让人）和 B 的前手 A（出票人）之间存在人的抗辩的事实，即 D 为恶意时，A 能否对 D 的票据金请求进行抗辩？日本学说和判例通常认为，债务人 A 不能主张这一抗辩。[②] 而且，即使恶意人 D 通过期后背书从善意人 C 那里取得票据，A 同样不能对 D 进行抗辩。[③]

---

① 董惠江：《票据抗辩论》，博士论文，中国政法大学，2006 年，第 71 页。

② ［日］土桥正、今野裕之：《手形小切手 30 讲》，青林书院 2005 年，第 173 页；［日］加藤良三：《有价证券法理——有价证券法総論·手形小切手法》，中央经济社 2007 年，第 129 页；［日］川村正幸：《基礎理論手形·小切手法（第二版）》，東京法研出版社 2007 年版，第 161 页．

③ ［日］川村正幸：《基礎理論手形·小切手法（第二版）》，東京法研出版社 2007 年版，第 161 页。

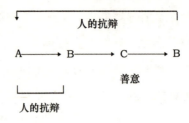

保护上述的恶意取得人 D 这看似不合理的结果，其理论根据在于：一般来说，抗辩随着权利而转移，但是为了票据交易的安全，把依据背书交付的票据权利的转移看作是特殊的债权转让，票据权利转移之时人的抗辩受到限制，票据抗辩切断制度弥补了得以抗辩的票据权利瑕疵，善意受让人 C 取得完整的票据权利。因此，D 从善意前手 C 处受让的是完整的票据权利，不管其是否知道 A、B 之间人的抗辩的存在，即不论其主观恶意还是善意，当然地得以对抗 A 这一人的抗辩。从保护票据受让人的角度来看，通过善意取得制度受让票据的善意权利人必须能够完全地、迅速地利用自己取得的权利，这就要求保证他必须能够向他人完全地、有效地转让票据。因此，从保护善意受让人 C 的目的出发，从这一善意受让人 C 处接受让渡的受让人 D 不管对于前手 A、B 之间的抗辩是否知情，都应该能够有效地取得完整的票据权利。

但是，如果恶意的后手为通过抗辩限制取得完整的权利，把善意的中间人 C 作为傀儡介入借以切断 A 的人的抗辩，实际上是受让人 D 直接从转让人 C 的前手 B 获得权利，转让人 C 只不过是形式上的存在，在这种情况下，应把转让人 C 和受让人 D 看作一体，排除适用上述一般原则，债务人 A 可以凭借对前手 B

（受取人）的权利的抗辩对恶意受让人 D 进行抗辩。

A —————— B —————— C —————— D
出票人 　　 收款人 　　 背书人（傀儡） 持票人

第四节 无因性例外之四——特殊背书
转让时的人的抗辩

票据作为一种流通证券，通过票据转让来实现其流通的功能。背书转让是票据转让的主要的和基本的方式，分为一般转让背书与特殊转让背书。特殊转让背书，是指背书转让时，在权利限制、被背书人或者背书时间方面存在特殊情形的背书。例如，对票据权利进行限制的禁止转让背书、以票据上原来的某个债务人作为被背书人的回头背书、在背书时间上有特殊情形的期后背书及委任取款背书等。这些特殊的背书非票据流转的常态，在人的抗辩的限制方面与一般背书转让有所不同。

一 期后背书时人的抗辩
（一）期后背书的界定
期后背书系指背书人在一定的期限后或在票据权利行使受阻后所为之背书。对于期后背书的界定，各国票据法规定了两种立法例：（1）以做成拒绝付款证书或做成拒绝付款证书期限经过后为标准，认定背书人在此时限后所做背书为期后背书。如《日内瓦统一汇票本票法》第 20 条、《德国票据法》第 20 条、

《法国商法典》第 123 条及《日本票据法》第 20 条均作此规定。
(2) 以到期日经过为标准，认定背书人凡在票据到期后进行的
背书，一概具有通常债权转让的效力。《英国票据法》第 36 条
第 2 项、《美国统一商法典》第 3—304 条即作如此规定、我国
香港特区《票据条例》第 36 条及我国台湾地区"票据法"第 41
条均有相同规定。① 第一种立法例将到期后的背书分为普通的
期后背书和权利行使受阻后的背书。普通的到期后背书是指背书
人在票据到期后、提示期限内，尚未发生拒付时进行的背书，法
律承认其与期前背书具有同一效力。权利行使受阻后的背书是指
背书人在拒绝付款证书做成后或在法定的做成拒绝证书期限届满
后进行的背书。由于此时票据权利已被确认不能正常行使，法律
认定再为背书者，法律效力受限，而仅有通常债权转让的效力。
据此，在采取此种立法例的国家，期后背书仅指权利行使受阻后
的背书。第二种立法例严于第一种，不区分普通的到期后背书和
权利行使受阻后的背书，认为凡到期后之背书均为期后背书，完
全取消了对到期后背书之被背书人权利的特别保护。其理由在
于，票据如在到期日后继续流通，期限极为短促，实益有限，而
徒增法律事实之复杂性，易生纠纷；且持票人于票据到期后不即
请求付款，而仍将票据流通，亦有悖常情。②

　　我国《票据法》第 36 条综合了以上两种立法例，对期后背
书进行了界定，"汇票被拒绝承兑、被拒绝付款或超过付款提示
期限的，不得背书转让"。据此，我国票据期后背书分为两类：

----

　　① 董翠香：《论票据期后背书及其效力——兼论票据法第 36 条之修正》，《政
治与法律》2003 年第 3 期，第 65—69 页。
　　② 王磊、宗学军：《论票据的期后背书》，《新疆社科论坛》2005 年第 3 期。

一是被拒绝承兑或被拒绝付款后的背书；二是超过付款提示期限的背书。

（二）期后背书的抗辩效力

尽管各国票据立法对期后背书内涵的界定不同，但对于期后背书的效力的规定却是一致的，无论英美法系还是大陆法系国家的票据立法，都规定期后背书不具有票据法上票据转让的效力，仅具有民法上一般债权转让的效力。人的抗辩切断和善意取得制度这些保护持票人的特殊制度对于期后背书的被背书人并不适用。即票据债务人对于期后背书的背书人可以行使的人的抗辩，都可以对期后背书的受让人行使，无论受让人是善意还是恶意。如《英国票据法》第 36 条第 2 款规定：过期汇票如流通转让，其流通转让应受到在其到期时该汇票之有瑕疵所有权之制约，并在此以后，任何人都不能取得或给予较其前手所拥有之更优越之所有权。我国香港特区《票据条例》第 36 条有相同规定。《日内瓦统一汇票本票法》第 20 条第 1 款规定："汇票到期后的背书与到期前的背书有同等效力。但因拒付而做成拒绝证书后，或规定做成拒绝证书的期限届满后的背书，只具有通常债权转让的效力。"《德国票据法》第 20 条、《法国商法典》第 123 条及我国台湾地区"票据法"第 41 条等均有相同规定。《日本票据法》第 20 条规定："期后背书仅有记名债权让与的效力。"各国票据法之所以这样规定，是因为在期后背书情况下，票据已经失去了其原有的流通能力，对于已经到期的票据，持票人完全可依法直接请求债务人付款，没必要继续转让票据；如果票据已经被拒绝承兑或拒绝付款，持票人也应该通过行使追索权实现票据债权，也没有必要继续转让票据。所以，在期后背书情形下，没有必要给予其与一般背书同样的效力，对持票人也无须给予抗辩限制的保护。关于这一点，有学者从属人性说的立场出发认为，"票据债务人具有向票据流通期间终了时的持票人支付票据金的权利，也就是说期后背书并不影响债务人对这一时间点上的持票人的地位，所以从法律上看，并不具有抗辩的限制"。① 但是，把票据金的支付看成是票据债务人的权利并不妥当，比如，流通期间终了时，票据持票人如果没有对债务人请求支付票据金，是不是就意味着侵害了债务人的权利了呢？这显然不能。

我国票据法对于期后背书的效力做出了不同于其他国家和地区票据立法的独特规定。分析我国《票据法》第36条规定："汇票被拒绝承兑、被拒绝付款或者超过付款提示期限的，不得背书转让；背书转让的，背书人应当承担汇票责任。"该条前半段"汇票被拒绝承兑、被拒绝付款或者超过付款提示期限的，不得背书转让"，根据票据法中有关背书的规定，期后背书是法定不可背书转让，也就是说，如果当事人转让的，其转让行为也不会发生票据法的效力，转让双方只能产生民法上的效力。后半段却又规定，"背书转让的，背书人应当承担汇票责任"。《最高人民法院关于审理票据纠纷若干问题的规定》第58条强化了这一规定。根据票据法的规定，所谓票据责任是指，票据债务人向持票人支付票据金额的义务，即付款人的付款义务和持票人的前手以及其他一切在票据上签章的票据行为人的偿还义务。从第36条的规定来看，一方面规定期后背书不允许转让，转让也不产生票据法上的后果，另一方面又规定期后背书人承担票据义务和责任，这明显

---

① ［日］田邊宏康：《手形法小切手法講義》，成文堂2007年，第152页。

是自相矛盾的。尽管从票据法第36条的立法目的来看，一为避免
票据纠纷，二为加强背书人的责任以保护期后背书的被背书人利
益①，但其本身的逻辑矛盾却又制造了新的纠纷，并未达到加强
期后背书人的责任，保护被背书人利益的预期作用。② 所以，应
该修改我国票据法第36条自相矛盾的规定，借鉴国际票据立法的
一般规定，确认我国票据期后背书的一般债权转让效力。

二　回头背书时的人的抗辩

（一）回头背书时人的抗辩

回头背书是以票据上的债务人为被背书人的背书。其特点是
票据上的原债务人（包括出票人、背书人、承兑人、保证人）
又成了票据债权人（持票人）。回头背书具备与一般转让背书同
样的权利转移效力、权利证明效力和权利担保效力。但由于被背
书人的地位不同，这种背书还有其独特的效力。主要表现为，对
于以回头背书从善意取得人C处再次取得票据的持有人B，票据
债务人能以对第一次取得票据的B的人的抗辩对第二次取得票
据的B进行抗辩，即在回头背书中，人的抗辩并不以善意第三
人C的介入而切断。这与上节中所述的"善意者进入时的人的
抗辩"相矛盾。这是因为，善意中间人介入的情况下，规定对
新取得票据的人的抗辩切断，是出于对票据的流通性的考虑。而
通过回头背书再取得票据的情况下，票据是向受到人的抗辩对抗
的票据前手的权利转移，即使承认抗辩的恢复对票据流通也完全

---

① 徐学鹿：《票据法教程》，首都经济贸易大学出版社2002年版，第210页。
② 梁鹏：《票据法期后背书制度研究》，《中国商法年刊》，2008年，第683—
689页。

不产生影响。正如日本判例所言，"票据的出票人既然存在对票据持有人可以直接抗辩的理由，其持有人对善意第三人背书转让以后，又因为回头背书再次成为持有人，票据持有人在其背书转让以前从出票人那里获得的全部抗辩，虽说票据经过其后的善意受让人然后又回到持票人手中，对于其所有的票据上的权利，没有必须解释为取得比背书转让前更有利的法律地位。因此，出票人应该可以对通过回头背书再次成为票据持有人的背书人以其之前的抗辩事由进行抗辩"。①

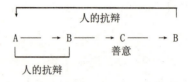

（二）回头背书时人的抗辩恢复的理由

一般把票据背书看作票据债权的让渡，但依据罗马法律原则，民法上的债权转让时，附着债权的抗辩随之转移，债务人得以对抗转让人的抗辩得以对抗受让人。在票据转移时，票据受让人本来也应该继承附着在票据上的抗辩，但因为票据抗辩限制机能，切断了对善意受让人的抗辩，受让人取得了无瑕疵的权利。这主要依据以下三个方面理论：依据背书的票据债权的继承的转移；依据罗马法律原则；依据抗辩限制原则的作用的排除。如果遵循一般原理，依据回头背书取得票据的再取得人继受善意的前

---

① ［日］川村正幸：《基礎理論手形・小切手法（第二版）》，東京法研出版社2007年版，第164页。

手拥有的完整的权利，据此可以对债务人请求支付票据金额，那么在回头背书时，承认抗辩再对抗的理论根据是什么？有学者认为，通过回头背书，再取得人受让以前的权利，也应该恢复背书前的地位。但是，回头背书的票据再取得人继受票据上的权利，其效力与通常的背书转让是完全相同的，所以应该认为回头背书的被背书人取得回头背书人的权利。

依据"人的抗辩的属人性"，对于再取得人自身的人的抗辩是附着于其本人的个人的行为，因为再取得票据，当然也继受附着于其自身的人的抗辩。对回头背书的抗辩对抗的恢复的理论依据，学者们作了各种各样的尝试，但是，"人的抗辩的属人性"是近来最有力的学说。① 因此，基于票据行为的无因性，原因关系上的抗辩当然地不仅在直接当事人之间残存，还附着于当事人的行为。

三　委托取款背书时的人的抗辩

（一）委托取款背书时的人的抗辩

委托取款背书是指持票人为了授予他人代为行使票据权利所为的背书。委托取款背书时，必须在票据上记载体现"委托收款"的文义，背书人背书的目的只是委托被背书人代理自己行使一定的票据权利，收取票据金额，而非如一般那样为转移票据权利。委任背书不具有一般背书的权利担保效力，被背书人行使票据权利遭到拒绝的后果直接由背书人承担，不得向背书人追

---

① ［日］川村正幸：《基礎理論手形・小切手法》（第二版），東京法研出版社2007年版，第165页。

索。但委托取款背书如一般背书一样具有权利证明效力，委托取款背书的连续性能证明背书人持有票据权利从而被背书人持有代其行使的权利。由于委托取款背书中票据权利并未转移，人的抗辩并不因委托取款背书而被切断，票据债务人可以自己与背书人之间所存在的抗辩事由对抗被背书人。反之，如果票据债务人与委托取款背书的被背书人之间存在抗辩事由，债务人也不能以此对被背书人进行抗辩，因为被背书人并不享有票据权利，非为自己利益行使权利，而是代理背书人行使。《日内瓦统一汇票本票法》第 10 条，我国台湾地区"票据法"第 40 条及《日本票据法》第 18 条第 2 项均如此规定。①

（二）隐存委托取款背书时的人的抗辩

所谓隐存委托取款背书是指实质上以委托取款为目的，但形式上却以通常的转让背书形式而行使的背书行为。对于隐存委托取款背书的法律性质，信托转让说和资格授予说所持立场相反（二者在重视形式还是重视实质这一点上不同，但对票据而言应该更重视形式）。在不同学说的立场上，债务人能够对抗的抗辩的内容也不一样。

从资格授予说的立场上看，票据权利人是背书人，被背书人只不过是被给予了委托权限，所以，无论被背书人的主观样态如何，债务人都能够凭借对背书人的抗辩对其进行对抗，人的抗辩并不因隐存委托取款背书而切断。同时，既然此时票据上的权利没有转移，那么，票据债务人就不能凭借对被背书人的抗辩对其

---

① 何俐、吴毅：《受到限制下的票据背书效力及后果》，《黑龙江政法管理干部学院学报》2004 年第 1 期，第 75—77 页；［日］土桥正、今野裕之：《手形小切手30 讲》，青林书院 2005 年，第 191 页。

进行对抗。这个结论和上述公开的委托取款背书的抗辩效力是同样的。

　　与此相对，从信托转让说的立场上看，认为票据权利已经转移给了被背书人，被背书人取得了完整的票据债权，所以票据债务人可以凭借对被背书人的抗辩对其进行对抗。对于是否可以凭借对背书人的抗辩对被背书人进行对抗，即对背书人的人的抗辩是否会因为隐存取款背书而切断，根据票据背书的一般原则，要视被背书人主观是否有恶意来决定。如果将票据法的一般规则，即人的抗辩限制制度机械地适用于此场合，就会产生不合理的结果。为了得出票据债务人的人的抗辩不因隐存背书而切断，即债务人可以以自己对背书人的抗辩事由来对抗被背书人的结论，有必要引入固有经济利益论作为其理论基础。通常情况下，票据取得者的权利之所以要获得特殊保护，是因为其取得权利中有其固有的经济利益的存在。而在隐存委托取款背书情形下，被背书人仅仅是为了替背书人收款才受让票据，因此并没有固有的经济利益，所以就推动了票据抗辩限制保护的必要了。[1]　本书也认为这种观点比较妥当。

　　① ［日］土桥正、今野裕之：《手形小切手 30 講》，青林書院 2005 年，第 191 页。

结　语

　　票据行为无因性作为票据法的核心与灵魂，对促进票据流通，保护交易安全、提高交易效率有着举足轻重的地位与作用。在理论层面，学界对于票据行为无因性的探讨可谓较为深透，然尽管如此，票据行为无因性内涵精髓，票据行为无因性与相关概念的区别以及票据行为无因性的理论基础、法律价值及效力范围等问题仍有待进一步厘清。我国票据立法对票据行为无因性的态度极为模糊，没有明确确立票据行为无因性原则，不仅使票据难以发挥作用，而且也给司法实践造成了不少混乱。在实践层面，随着各种银行卡和电子票据参与到商事交易中，有人惊呼认为票据已经没有存在的空间，然而，通过对商事实践的考察，我们发现，各种银行卡的功用主要在于储蓄和消费，起不到融资工具和信用工具的作用。电子票据也只不过是将传统票据的纸质形式改变为电子形式而已，票据实质特点并未改变。可见，随着社会的发展，票据的诸如汇兑、结算功能被削弱，然而作为信用工具、融资工具，票据具有不可替代性。决定票据是消亡还是发展的核

心问题在于票据的信用功能和融资功能能否充分发挥。坚守票据
行为无因性则是票据信用功能得以发挥的根本条件。对于票据行
为无因性在我国票据立法上规定较为模糊，在理论研究上也较为
薄弱，对于票据行为无因性理论进行梳理，明确其内涵及效力界
域，有助于系统地把握票据法各制度。

　　对于票据行为无因性的系统研究和准确把握，任何人均无法
回避对于票据行为无因性内涵界定这一课题。鉴于此，本书以票
据理论诸种学说作为研究起点，以期对票据行为无因性内涵的研
究路径科学化。源于德国的票据理论从能否形成一种适用于所有
票据行为的统一的法律构成这一问题入手，其中心论点是与出票
相关的法律构成，尤其在出票人完成票据后尚未交付时被盗并进
行流通的情况，出票人是否应该对善意的票据取得人承担票据责
任。出票行为的成立是否与票据签名及基于签名人的意思交付票
据为必要条件，这一问题与票据行为有重要的关联。关于票据理
论的学说流派颇多，归结起来，主要包括契约说、一般发行说、
修正发行说、创造说和二阶段说等。契约说认为，票据行为与普
通民事合同一样，是关于票据债务承担的合同。只是因为其是书
面行为，只单单的意思表示是不够的，作成票据并签名，再向作
为其对方的受领人或被背书人交付，通过这个被受领的行为之后
成立。发行说把票据行为解释为对方的某种单独行为通过意思的
对外表示而成立，是通过向对方的意思的送达而产生权利的一种
学说。该学说同样认为票据行为人以书面形式做成票据，并直接
向对方当事人交付时，票据债务产生。修正发行说又细分为两种
学说：一种流派认为票据行为因向签名人以外的第三人任意交付
而成立；另一种流派认为通过向签名人以外的第三人转让票据而

产生票据上的权利。创造说认为，票据上债务的发生始于票据行为人的创造，有无相对人在所不问，只要票据行为人完成票据记载并签章票据行为即告成立，"无需另为票据交付，票据债务即自然发生；即使票据违反当事人的意思而被他人取得并被投入流通过程，仍然具有约束力。"① 票据行为二阶段说则对票据行为采取二元的构成理论，对票据的做成与交付的行为效力分别进行分析。该学说把票据行为分为票据债务负担行为和票据权利移转行为分别进行论述，即票据债务负担行为是因票据的做成而成立的无因行为，它不仅以负担票据债务为目的，而且也将与其债务相对应的权利和书面相结合作为其目的，通过这种结合，票据这种有价证券就做成了。相应地，票据权利的转让行为是通过票据的交付而成立的行为，是以转让结合在票据上的权利为目的的有因行为。比较各种票据理论，二阶段创造说因其既能保护动的安全，又因其严密的逻辑能一体解决相关票据问题，具有突出的优点，虽然票据行为二阶段说并非无懈可击、完美无瑕，同样也存在着理论盲区与瑕疵，但相较其他学说而言，仍不失为最为符合票据制度原理与票据实践的票据理论。鉴于此，本书通过系统梳理票据行为二阶段说的诸种观点、厘清票据行为二阶段说问题症结所在，重构、完善票据行为二阶段说之理论构造，并在此基础上明确票据行为无因性的内涵。在票据行为二阶段说视域下，将票据行为分为债务负担行为和权利移转两个阶段，票据行为的性质必须区别票据债务负担行为和票据权利转移行为分别考察，前者为无因行为，后者为有因行为。申言之，票据债务负担行为不

---

① 吴京辉：《票据行为论》，中国财政经济出版社 2006 年版，第 40 页。

必与对方的意思表示相符，仅以完成票据的行为人的意思表示而成立的单独行为。因票据债务负担行为是单独行为，其成立不受票据交付对方情况的影响，即使票据的受让方因特定的事实是恶意的情况，票据债务依然成立，这对于保护善意的票据取得人及提高票据交易安全有益。对恶意的受让方，票据债务人可以依据票据权利转移行为存在瑕疵，主张拒绝对其支付。简言之，票据行为无因性即指票据债务负担行为具有无因性。依不同的票据理论，无因性的效力范围有所不同。建立在票据行为二阶段说基础之上的无因性，基于票据权利移转行为有因论，从人的抗辩中分离出无权利抗辩，限制了传统票据行为无因性的效力范围，为后手抗辩和二重无权抗辩等提供了更富有解释力的理论依据。票据行为无因性的效力在直接当事人之间主要表现为举证责任倒置，在间接当事人之间主要表现为人的抗辩限制。基于二阶段说，以票据权利行使的前提要件即票据抗辩的成立要件为形式基准，以人的抗辩和物的抗辩这一传统二分说为基础，票据抗辩可划分为四个类型：物的抗辩、有效性抗辩、无权利的抗辩、狭义的人的抗辩。① 其中无权利抗辩是从传统的人的抗辩中分离出来的。传统的人的抗辩可分为对于特定的人任何人都可以主张的抗辩，及对于特定的人只有其他特定的人才可以主张的抗辩。前者是无权利抗辩，后者是狭义的人的抗辩。② 在票据法中，对于票据取得人的保护制度，除了人的抗辩限制制度以外，还有票据行为独立原则和善意取得制度。这三个制度都是为保护票据取得人而设计

---

① 郑宇：《票据抗辩理论研究》，博士论文，吉林大学，2007年，第88—90页；[日]庄子良明：《手形抗弁论》，信山社1998年，第166—170页。

② [日]前田庸：《手形法·小切手法》，有斐阁2005年，第185页。

的，三者目的相同，但各自又有不同的适用情况。为明确无因性
的效力范围，必须明确区分这三种制度的适用情形。以无因性为
理论基础的票据抗辩限制通过规定持票人不受来自债务人与其前
手之间的抗辩的对抗，从而促进了票据流通，但因为票据抗辩限
制是建立在牺牲票据债务人利益的基础上的，如果无条件地适
用，就会有违促进票据流通的宗旨。所以，各国票据法立法者大
都在规定票据抗辩限制的同时，规定了抗辩限制的例外。依传统
票据行为无因性理论，票据抗辩限制的例外主要表现为恶意抗辩
和无对价抗辩，建立在票据行为二阶段说基础之上的票据抗辩限
制的例外还将无权利抗辩纳入其中。即使依传统票据行为无因性
理论，同属于效力所不及的恶意抗辩和无对价抗辩，票据行为二
阶段说下的无因性理论也赋予了其不同的理论基础，使其更具有
解释力。在票据二阶段说项下的票据无因性诸种例外情形之中，
无权利抗辩是指债务人否定票据持有人是票据上权利人的抗
辩。① 无对价抗辩是指无对价取得票据的持票人，其所取得票据
权利，因无对价而减损，意即其不得享有优于其前手的权利。恶
意抗辩是指"债务人对于取得人的前手可以拒绝支付票据金的
事情是确实的，或者拒绝支付的事情被预测为确实存在的情况
下，明知该情况而取得票据的人，作为知道会损害票据债务人而
取得票据的人，接受恶意抗辩的对抗"。② 特殊背书转让时的人
的抗辩是指对票据权利进行限制的禁止转让背书、以票据上原来
的某个债务人作为被背书人的回头背书、在背书时间上有特殊情

---

① ［日］加藤良三：《有价证券法理——有价证券法总论·手形小切手法》，中
央经济社 2007 年，第 142 页。
② ［日］前田庸：《手形法·小切手法》，有斐阁 2005 年，第 207 页。

形的期后背书及委任取款背书等。本书认为，这些特殊的背书非票据流转的常态，在人的抗辩的限制方面与一般背书转让有所不同，这些特殊情形的背书流转可以纳入人的抗辩情形范畴。

综上所述，本书以票据行为无因性为题，从票据理论入手，以二阶段创造说为理论基点，阐释无因性的内涵，对票据无因性的效力进行梳理，并对"二重无权抗辩"及"后手抗辩"等新型票据问题作出前瞻式的研究。但是由于这些问题本身的复杂性，再加上笔者学术能力有限，对于文中所述的各种庞杂制度之间的内在逻辑关联难以做到拿捏自如，一些观点也可能很不成熟，这些只能以期将来在学习和工作中来完善了。

参考文献

一　国内文献

［1］王泽鉴：《民法总则》，中国政法大学出版社 2001 年版。

［2］梁慧星：《民法总论》，法律出版社 2001 年版。

［3］李钦贤：《票据法专题研究（一）》，台湾三民书局 1996 年版。

［4］佟柔：《民法总则》，中国人民公安大学出版社 1990 年版。

［5］张文显：《法哲学范畴研究》，中国政法大学出版社 2001 年版。

［6］刘得宽：《民法诸问题与新展望》，中国政法大学出版社 2002 年版。

［7］刘得宽：《民法总则》，中国政法大学出版社 2006 年版。

[8] 苏号朋：《民法总论》，法律出版社 2006 年版。

[9] 李永军：《民法总论》，法律出版社 2006 年版。

[10] 汪世虎：《票据法律制度比较研究》，法律出版社 2003 年版。

[11] 史尚宽：《民法总论》，中国政法大学出版社 2000 年版。

[12] 范健：《商法》，高等教育出版社、北京大学出版社 2002 年版。

[13] 郑玉波：《民法总则》，中国政法大学出版社 2003 年版。

[14] 王利明：《民法总则研究》，中国人民大学出版社 2003 年版。

[15] 赵新华：《票据法论》，吉林大学出版社 1998 年版。

[16] 赵新华：《票据法》，人民法院出版社 1999 年版。

[17] 赵新华：《票据法问题研究》，法律出版社 2002 年版。

[18] 胡德胜、李文良：《中国票据制度研究》，北京大学出版社 2005 年版。

[19] 于莹：《票据法》，高等教育出版社 2004 年版。

[20] 王小能：《中国票据法律制度研究》，北京大学出版社 1999 年版，第 46 页。

[21] 王小能：《票据法教程》，北京大学出版社 2001 年版。

[22] 郑孟状：《票据法研究》，北京大学出版社 1999 年版。

[23] 徐涤宇：《原因理论研究》，中国政法大学出版社 2005 年版。

[24] 陈自强：《无因债权契约论》，中国政法大学出版社

2002 年版。

　　[25] 谢怀栻：《票据法概论》，法律出版社 2006 年版。

　　[26] 吴京辉：《票据行为论》，中国财政经济出版社 2006 年版。

　　[27] 梁宇贤：《票据法新论》，中国人民大学出版社 2004 年版。

　　[28] 梁宇贤：《票据法实例解说》，中国人民大学出版社 2004 年版。

　　[29] 白玉廷、苑全耀：《法律行为研究》，群众出版社 2006 年版。

　　[30] 施文森：《票据法新论》，台湾三民书局 2000 年版。

　　[31] 叶林、黎建飞：《票据法学原理与案例教程》，中国人民大学出版社 2006 年版。

　　[32] 赵威：《票据权利研究》，法律出版社 1997 年版。

　　[33] 刘定华、张严方：《票据责任与票据法律责任》，国家行政学院出版社 2000 年版。

　　[34] 曾世雄、曾陈明汝、曾宛如：《票据法论》，中国人民大学出版社 2002 年版。

　　[35] 董安生：《票据法》，中国人民大学出版社 2000 年版。

　　[36] 吕来明：《票据法前沿问题案例研究》，中国经济出版社 2001 年版。

　　[37] 吕来明：《票据法基本制度评判》，中国法制出版社 2003 年版。

　　[38] 黄松有：《票据法司法解释实例释解》，人民法院出版社 2006 年版。

［39］徐学鹿：《票据法教程》，首都经济贸易大学出版社2002年版，第210页。

［40］于永芹：《票据法前沿问题研究》，北京大学出版社2003年版。

［41］祝铭山：《票据纠纷》中国法制出版社2003年版。

［42］郑洋一：《票据行为之法理论》，台北三民书局股份有限公司1988年版。

［43］高金松：《空自票据新论》台北五南图书出版公司1986年。

［44］谢石松：《票据法的理论与实务》，中山大学出版社1995年版。

［45］孙应征：《票据法理论与实证解析》，人民法院出版社2004年版。

［46］汤玉枢：《票据法原理》，中国检察出版社2004年版。

［47］曾月英：《票据法律规制》，中国检察出版社2004年版。

［48］林艳琴、丁清光：《票据法比较研究》，中国人民公安大学出版社2004年版。

［49］施文森：《票据法论——兼析联合国国际票据公约》，台湾三民书局2005年版。

［50］吴庆宝：《票据诉讼原理与判例》，人民法院出版社2005年版。

［51］王开定：《票据法新论与案例》，法律出版社2005年版。

［52］赵威、赵民：《票据抗辩研究》，梁慧星：《民商法论

丛（第 10 卷）》，法律出版社 1999 年版。

　　[53] 刘秀春、胡海涛：《票据无因性之经济诠释》，《河北法学》2005 年第 5 期。

　　[54] 庄建伟：《试析票据的外观特性》，《法学》1998 年第 12 期。

　　[55] 郑孟状：《票据代理中的若干法律问题探讨》，《中外法学》1999 年第 3 期。

　　[56] 张金海：《论德国民法的二元错误制度及其借鉴意义》，《河北法学》2006 年第 10 期。

　　[57] 衡蕊：《论票据行为之无权、越权代理》，《当代法学》1999 年第 6 期。

　　[58] 邸天力：《票据行为的解释》，《山东审判》1999 年第 5 期。

　　[59] 郭霁：《形式重于实质吗——谈谈票据的文义性》，《金融法苑》2000 年第 11 期。

　　[60] 王小能：《对票据无因性的再认识》，《金融法苑》2001 年第 1 期。

　　[61] 于莹、王艳梅：《票据权利善意取得三论》，《清华大学学报》（哲学社会科学版）2001 年第 3 期。

　　[62] 于莹：《论票据无因性原则及相对性》，《吉林大学社会科学学报》2003 年第 4 期。

　　[63] 王艳梅：《论票据法上的权利外观理论》，《行政与法》2002 年第 12 期。

　　[64] 王艳梅：《票据行为性质的阐释》，《当代法学》2006 年第 5 期。

［65］胡振玲：《票据抗辩初探》，《中南民族大学学报》（人文社会科学版）2004 年第 1 期。

［66］柯昌辉：《论票据行为的独立性》，《中外法学》1999 年第 4 期。

［67］丁亚丽、王彦有：《票据行为独立性及其适用与限制》，《当代法学》2003 年第 12 期。

［68］汪世虎：《论票据行为的无因性》，《海南大学学报》（人文社会科学版）2003 年第 3 期。

［69］汪世虎：《票据行为性质之我见》，《贵州警官职业学院学报》2003 年第 3 期。

［70］董惠江：《票据无因性研究》，《政法论坛》2005 年第 1 期。

［71］董惠江：《票据利益返还请求权制度研究》，《中国法学》2001 年第 2 期。

［72］董惠江：《票据抗辩的分类》，《法学研究》2004 年第 1 期。

［73］丁南：《论民商法上的外观主义》，《法商研究》1997 年第 5 期。

［74］丁南：《从"自由意志"到"社会利益"——民法制度变迁的法哲学解读》，《法制与社会发展》2004 年第 2 期。

［75］丁南、贺丹青：《民商法交易安全论》，《深圳大学学报（人文社会科学版）》2003 年第 6 期。

［76］徐涤宇：《无因性原则之考古》，《法律科学》2005 年第 3 期。

［77］张澄：《试论票据行为的无因性及其相对性——兼评

我国〈票据法〉第十条》,《政治与法律》2006 年第 1 期。

[78] 赵新华:《中日票据法上之"对价"研究》,渠涛:《中日民商法研究》(第八卷),法律出版社 2009 年版。

[79] 刘永光:《论我国票据行为理论的构建——以出票行为为中心》,《厦门大学法律评论(第十七辑)》,厦门大学出版社 2009 年版。

[80] 李伟群:《我国票据法中无对价抗辩制度的完善》,《法学》2008 年第 7 期。

[81] 段卫华、胡海涛:《票据无因性原则之理论探讨及其立法完善》,《河北法学》2005 年第 9 期。

[82] 杨继:《我国〈票据法〉对票据行为无因性规定之得失——兼与欧洲立法比较》,《比较法研究》2005 年第 6 期。

[83] 刘宏华:《票据有因性观念的坚守与超越——对真实交易背景规则的辩护》,《法学杂志》2007 年第 3 期。

[84] 李新天、李承亮:《论票据不当得利的返还与抗辩——兼论票据的无因性》,《法学评论》2003 年第 4 期。

[85] 姚忠琴、吴运来:《票据行为无因性与物权行为无因性之比较》,《西南政法大学学报》2003 年第 4 期。

[86] 李昕:《论票据法上外观主义的特殊表现》,《当代法学》2005 年第 5 期。

[87] 于莹:《论票据的无因性原则及其相对性——票据无因性原则"射程距离"之思考》,《吉林大学社会科学学报》2003 年第 7 期。

[88] 叶亚芬:《从商业银行角度检视票据无因性及其调整》,《金融会计》2007 年第 1 期。

［89］张燕强：《论票据关系无因性之否认》，《法商研究》2007 年第 4 期。

［90］戴立宁：《论个人在票据上的签名》，《北大法律评论》2008 年第 1 期。

［91］赵燕芬：《我国自然人票据能力制度探讨》，《浙江学刊》2005 年第 5 期。

［92］董翠香：《论票据期后背书及其效力——兼论票据法第 36 条之修正》，《政治与法律》2003 年第 3 期。

［93］王磊、宗学军：《论票据的期后背书》，《新疆社科论坛》2005 年第 3 期。

［94］何俐、吴毅：《受到限制下的票据背书效力及后果》，《黑龙江政法管理干部学院学报》2004 年第 1 期。

［95］梁鹏：《票据法期后背书制度研究》，《中国商法年刊》2008 年第 7 期。

［96］郑宇：《票据新抗辩理论评介》，《当代法学》2009 年第 3 期。

［97］夏林林：《对票据无因性原则法律适用的思考》，《法律适用》2004 年第 1 期。

［98］董惠江：《票据抗辩论》，博士论文，中国政法大学，2006 年。

［99］郑宇：《票据抗辩理论研究》，博士论文，吉林大学，2007 年。

［100］金锦花：《票据上意思表示研究》，博士论文，吉林大学，2009 年。

［101］孙鹏：《民法上信赖保护制度及其法的构成——在静

的安全与交易安全之间》,《西南民族大学学报》(人文社科版)
2005 年第 7 期。

　　[102] 米健:《意思表示分析》,《法学研究》2004 年第
1 期。

　　[103] 马新彦:《论信赖规则的逻辑结构》,《吉林大学社会
科学学报》2003 年第 4 期。

　　[104] 郑孟状:《票据代理中的若干法律问题探讨》,《中外
法学》1999 年第 3 期。

　　[105] 王艳梅:《论票据法上的权利外观理论》,《当代法
学》2002 年第 12 期。

　　[106] 汪世虎:《论票据行为的无因性》,《海南大学学报
(人文社会科学版)》2003 年第 3 期。

　　[107] 王艳梅:《票据行为性质的阐释》,《当代法学》2006
年第 5 期。

　　[108] 柯昌辉:《论票据行为的独立性》,《中外法学》1999
年第 4 期。

　　[109] 张定军:《论电子合同中的意思表示》,《社会科学》
2002 年第 12 期。

　　[110] 丁亚丽、王彦有:《票据行为独立性及其适用与限
制》,《当代法学》2003 年第 12 期。

　　[111] 叶金强:《合同解释:私法自治、信赖保护与衡平考
量》,《中外法学》2004 年第 4 期。

　　[112] 傅鼎生:《票据行为无因性二题》,《法学》2005 年
第 12 期。

　　[113] 郑永宽:《德国私法上意思表示错误理论之分析检

讨》，《政法论丛》2004 年第 5 期。

［114］李昕：《论票据法上外观主义的特殊表现》，《当代法学》2005 年第 5 期。

［115］袁春湘：《意思表示解释的优越性探析》，《安徽警官职业学院学报》2002 年第 3 期。

［116］迟姗、焦卫：《票据行为的特征及其效力》，《经济师》2002 年第 2 期。

［117］邸天力：《票据行为的解释》，《山东审判》1999 年第 5 期。

［118］范健：《略论中国商法的时代价值》，《南京大学学报》（哲学·人文科学·社会科学）2002 年第 3 期。

［119］徐晓：《论票据质押的权利担保与物的担保的二元性》，《当代法学》2006 年第 11 期。

［120］衡蕊：《论票据行为之无权、越权代理》，《当代法学》1999 年第 6 期。

［121］庄建伟：《试析票据的外观特性》，《法学》1998 年第 12 期。

［122］杨峰：《商行为意思表示的瑕疵和表示方法问题探讨》，《长白学刊》2005 年第 1 期。

［123］唐莹：《论意思表示错误——中德民法比较研究》，《比较法研究》2004 年第 1 期。

［124］钱斐、孙静：《有关票据行为的基本理论分析》，《法治论丛》2004 年第 3 期。

［125］姚忠琴、吴运来：《票据行为无因性与物权行为无因性之比较》，《西南政法大学学报》2003 年第 7 期。

[126] 邵庆平：《发票日之记载与票据解释》，《月旦法学教室》2006 年第 41 期。

[127] 孙良国：《私法上错误制度的重新构造》，《法学论坛》2006 年第 1 期。

[128] 朱庆育：《意思表示与法律行为》，《比较法研究》2004 年第 1 期。

[129] 王志诚：《权利外观理论之适用要件》，《月旦法学教室》2003 年第 6 期。

[130] 韩光明：《论作为法律概念的"意思表示"》，《比较法研究》2005 年第 1 期。

[131] 张金海：《论德国民法的二元错误制度及其借鉴意义》，《河北法学》2006 年第 10 期。

[132] 解志国：《论意思表示错误的界定与认定》，《法制与社会发展》2000 年第 5 期。

二　国内翻译国外文献

[1]［日］我妻荣：《债权在近代法中的优越地位》，王书江、张雷译，中国大百科全书出版社 1999 年版。

[2]［日］山本敬三：《民法讲义Ⅰ》，解亘译，北京大学出版社 2004 年版。

[3]［日］松波仁一郎：《日本商法论》，秦瑞玠、郑钊译，中国政法大学出版社 2005 年版。

[4]［日］《日本商法典》，王书江、殷建平译，中国法制出版社 2000 年版。

[5]［日］富井政章：《民法原论（第一卷）》，陈还瀛等

译，中国政法大学出版社 2003 年版。

［6］［日］龙田节：《商法略论》，甘肃人民出版社 1985 年版。

［7］［英］弗里德利希·冯·哈耶克：《自由秩序原理》，邓正来译，三联书店 1997 年版。

［8］［英］弗里德利希·冯·哈耶克：《法律、立法与自由》，第 2、3 卷，邓正来等译，中国大百科全书出版社 2000 年版。

［9］［英］约翰·密尔：《论自由》，程崇华译，商务印书馆 1996 年版。

［10］［英］杜德莱·理查逊：《流通票据及票据法规入门》，复旦大学出版社 1990 年版。

［11］［美］E. 博登海默：《法理学：法律哲学与法律方法》，邓正来译，中国政法大学出版社 1999 年版。

［12］［德］汉斯·哈腾保尔：《法律行为的概念——产生以及发展》，孙宪忠译，杨立新：《民商法前沿》（1、2 辑），吉林人民出版社 2002 年版。

［13］［德］卡尔·拉伦茨：《法学方法论》，陈爱娥译，商务印书馆 2003 年版。

［14］［意］桑德罗·斯奇巴尼选编：《法律行为》，徐国栋译，中国政法大学出版社 1998 年版。

［15］［德］迪特尔·施瓦布：《民法导论》，郑冲译，法律出版社 2006 年版。

［16］［德］卡尔·拉伦茨：《德国民法通论》，王晓晔，等译，法律出版社 2003 年版。

三　外文原文文献

[1]［日］長谷川雄一:《手形抗弁の研究（改訂版）》,成文堂 1990 年。

[2]［日］小橋一郎:《手形理論と手形抗弁》、《民商法雑誌》第 83 巻第 1 号。

[3]［日］菱田政宏:《手形の作成、署名と取得》、《関西大学法学論集》,第 31 巻第 2・3・4 合併号。

[4]［日］大塚龍児:《福瀧博之．商法Ⅲ——手形・小切手》,有斐閣 2005 年。

[5]［日］内田貴:《民法Ⅰ総則・物権総論（第 3 版）》,東京大学出版会 2005 年。

[6]［日］木村暎:《手形法・小切手法要論》,青林書院 1992 年版。

[7]［日］田中耕太郎:《手形法・小切手法》,有斐閣 1960 年。

[8]［日］川村正幸:《手形小切手法》（第 2 版）,法研出版 2007 年。

[9]［日］田邊光政:《最新手形法・小切手法》（第 5 版）,中央経済社 2007 年。

[10]［日］小橋一郎:《商法論集Ⅱ——商行为・手形（1）》,成文堂 1983 年。

[11]［日］蓮井良憲、酒巻俊雄编:《手形法・小切手法》,青林書院 1993 年。

[12]［日］福瀧博之:　《手形法概要》,法律文化社

1998 年。

[13]［日］前田庸:《手形法・小切手法》，有斐閣
1999 年。

[14]［日］西原寛一:《商行為法（増補三版）》，有斐閣
1973 年。

[15]［日］石井照久、鴻常夫:《手形法・小切手法（商
法Ⅳ）》，勁草書房 1972 年版。

[16]［日］大隅健一郎:《商行為法》，有斐閣 1958 年。

[17]［日］鈴木竹雄:《商法研究Ⅰ総論・手形法》，有斐
閣 1981 年。

[18]［日］田中誠二:　《新版商行為法》，千倉書房
1958 年。

[19]［日］松波仁一郎:《改正日本商行為法》，有斐閣
1914 年。

[20]［日］竹田省:《改訂増補商法総論（第 11 版)》，有
斐閣 1921 年。

[21]［日］北沢正啓、浜田道代編:《商法の争点Ⅱ——商
行為・保険・海商・手形・小切手》，有斐閣 1997 年。

[22]［日］丹羽重博:《手形・小切手法概論（第 3 版)》，
法学書院 2007 年。

[23]［日］服部栄三:《手形法・小切手法（改訂版)》，
商事法務研究会 1971 年。

[24]［日］大塚龍児:《林竧、福瀧博之．商法Ⅲ——手
形・小切手（第 3 版)》，有斐閣 2006 年。

[25]［日］田邊宏康:《手形法小切手法講義》，成文堂

2007 年。

[26]［日］河本一郎：《田邊光政編著．手形小切手法小辞典（増補版）》，中央経済社 1989 年版。

[27]［日］早川徹：《手形法・小切手法》，新世社 2007 年。

[28]［日］鈴木竹雄、前田庸：《手形法・小切手法》，有斐閣 1993 年。

[29]［日］弥永真生：《リーガルマインド手形法・小切手法（第 2 版）》，有斐閣 2007 年。

[30]［日］高窪利一：《手形法・小切手法（三訂版）》，経済法令研究会 1997 年。

[31]［日］大隅健一郎：《新版手形法小切手法講義》，有斐閣 2001 年。

[32]［日］宮島司：《手形法・小切手法（第 2 版）》，法学書院 2007 年。

[33]［日］丸山秀平：《商法Ⅰ——総則・商行為法/手形・小切手法（第 2 版）》，新世社 2005 年。

[34]［日］庄子良男：《手形抗弁論》，信山社 1998 年。

[35]［日］鈴木竹雄：《手形法・小切手法》，有斐閣 1992 年。

[36]［日］田中誠二：《手形・小切手法詳論（上）》，勁草書房 1968 年。

[37]［日］福瀧博之：《手形の再取得と人的抗弁》、《関西大学法学論集》，第 31 巻第 2・3・4 合并号。

[38]［日］福瀧博之：《手形の文言性と権利外観理論》、

《関西大学法学論集》，第 45 巻第 5 号。

［39］［日］石井照久：《新版手形法小切手法》，勁草書房 1963 年。

［40］［日］高田晴仁：《指図債権の裏書譲渡と権利移転的効力について――民法四六九条論・序説》、《現代企業法の諸問題――小室金之助教授還暦記念論文集》，成文堂 1996 年。

［41］［日］前田庸：《关于票据上的权利的分属》，江头宪治郎编：《八十年代商法的诸相――鸿常夫先生花甲纪念》，有斐閣 1931 年。

［42］［日］深见芳文：《关于票据关系的相对性》，大隅健一郎：《企业法研究――大隅健一郎先生古稀纪念》，有斐閣 1977 年。

［43］［日］木内宜彦：《手形の原因関係和手形抗辩》、《手形研究》1973 年第 9 期。

［44］［日］河本一郎：《手形抗辩》、《手形法》、《小切手法講座（3）》，有斐閣 1977 年。

［45］［日］服部榮三：《不當得利抗辩》、《石井照久先生追悼論文集商事法諸問題》，有斐閣 1975 年。

［46］［日］庄子良男：《二段階手形行為説の再構成》、《千葉大学法学論集》，第 6 巻第 1 号。

［47］［日］福瀧博之：《手形行為についての覚書》、《関西大学法学論集》，第 49 巻第 2・3 合併号。

［48］［日］御室龍，宇田一明：《注釈約束手形法全訳》，中央経済社 1996 年。

［49］［日］川村正幸：《基礎理論手形・小切手法（第二

版)》，法研出版 2007 年。

　　［50］［日］三枝一雄，坂口幸男，南保勝美：《手形・小切手法》，法律文化社 2003 年。

　　［51］［日］大隅健一郎：《新版手形法小切手法講義（オンデスント版）》，有斐閣ブックス，2001 年。

　　［52］［日］倉沢康一郎：《手形判例の基礎．リーディング・スーによる手形法入門》，日本社 1997 年。

　　［53］［日］河本一郎、小橋一郎，高窪利一，等：《現代手形小切手法講義（第二巻）》，成文堂 2000 年。

　　［54］［日］土橋正、今野裕之：《手形小切手 30 講》，青林書院 2005 年。

　　［55］［日］加藤良三：《有価証券法理——有価証券法総論・手形小切手法》，中央経済社 2007 年。

　　［56］［日］前田庸：《手形法・小切手法》，有斐閣 1999 年。

　　［57］［日］納富義光：《手形法に於ける基本理論》，新青出版 1996 年。

　　［58］［日］木内宜彦：《シンポジューム　手形・小切手法》，新青出版 2007 年。

　　［59］［日］小橋一郎：《手形・小切手法の基礎》，成文堂 2001 年。

　　［60］［日］納富義光：《続手形法に於ける基本理論》，新青出版 1999 年。

　　［61］［日］柴崎暁：《手形法理と抽象債務》，新青出版 2002 年。

　　［62］［日］庄子良男：《手形抗弁论》，信山社 1998 年。

［63］［日］前田庸：《手形法·小切手法》，有斐閣 2005 年。

［64］［日］福龍博之：《手形法概要》，法律文化社 1998 年。

［65］［日］小橋一郎：《商法論集Ⅱ　商行為·手形（1）》，成文堂 1983 年。

［66］［日］山下末人：《法律行為論の現代展開》，法律文化社 1987 年。

［67］［日］木村日英：《手形法·小切手法要論》，青林書院 1992 年。

［68］［日］長谷川雄一：《手形法理の研究》，成文堂 1987 年。

［69］［日］庄子良男：《ドイツ手形法理論史》，信山社 2001 年。

［70］［日］木内宜彦：《手形抗弁の理論》、《木内宜彦論文集1》，新青出版 2005 年。

［71］［日］川村正幸：《基礎理論手形·小切手法（第二版）》，法研出版 2007 年。

［72］喜多了祐：《外観優越の法理》，千倉書房 1976 年。

［73］石井照久：《新版手形法小切手法》，勁草書房 1963 年。

［74］高窪利一：《現代手形法小切手法》，経済法令研究会 1983 年。

［75］稲田俊信：《手形法小切手法》，有信堂 1989 年。

［76］大隅健一郎：《今井宏·新版会社法論（上）》，有斐閣 1981 年。

［77］竹内昭夫：《判例商法Ⅰ》，弘文堂 1977 年。

［78］竹田省：《商法の理論と解釈》，有斐閣 1959 年。

［79］平出慶道：《有価証券の機能と本質》，竹内昭夫、龍田節編：《現代企業法講座——有価証券》，大学出版会 1985 年。

［80］本間喜一：《有価証券の概念について》、《青山衆司博士還暦記念論文集・商法及保険の研究》，有斐閣 1932 年。

［81］石井照久：《有価証券理論の反省》、《竹田教授古稀記念——商法の諸問題》，有斐閣 1952 年。

［82］西原寛一：《有価証券の概念と証券の流通性》、《法学雜誌》，1958 年，4 卷。

后　记

　　本书是作者在博士论文的基础上修改而成的。博士论文的写作是一种难忘的经历，我最需要感谢的是我的导师赵新华教授。几年中，恩师引领我走进票据法的殿堂，让我找到了一个一生可以为之付出的研究领域。恩师所给予我的太多太多，既有纵横捭阖的高台教化，也有和风细雨的点滴教诲，恩师渊博的学识，过人的智慧，严谨的治学无一不令我折服。恩师如父，几年中无论在学业还是在事业上，恩师始终都用挚诚和慈爱的目光关注着我，让我始终都不敢懈怠；在我遇到困惑和迷惘的时候，恩师会用他几十年的人生智慧为我指点迷津；在我感到孤独和无助的时候，恩师会给我默默的支撑。因为有了恩师的注视，会让我更加审慎的对待自己的人生。更为难能可贵的是，在我攻读博士学位期间，师母给了我慈母般的关爱，相对于恩师的严厉，师母的慈爱和关怀同样给了我前行的动力。恩师和师母永远是我最可亲、可敬的长者。

　　感谢吉林大学法学院的徐卫东教授、石少侠教授、于莹教授、马新彦教授、冯彦君教授、蔡立东教授、李建华教授、傅穹教授等多位老师在博士开题及写作过程中，都曾给予了悉心指点，为论文的最终成稿理清了思路。然而，面对导师及诸位老师的教诲，我还是未有足够努力将论文写的更好一些，深深感谢的同时又有深深的惭愧。

感谢我的老领导杨玉凯教授、吴钧教授和张乃翼教授对我攻读博士学位的支持和鼓励；感谢孙书光书记、包玉秋副院长、单晓华副院长，陶国礼副书记在我写作博士论文的过程中，尽可能多地帮我分担工作，使我能够静下心来完成学业；感谢我的同事宋智慧博士和杨彬博士，多次就我博士论文的写作提供了宝贵意见；感谢我的好朋友陆云霞女士和于娟女士，为我从国外带回大量的外文资料；感谢我的同事周海博博士和白晶女士，帮我完成了论文的校对工作。

还要感谢我的父母，两位慈祥而质朴的老人养育了我，父母的恩情让我一生难以报答！感谢我的妻子韩淑新女士，十几年来她一直在我身后默默的支持和关爱着我，特别是在我攻读博士期间，她主动承担了大部分的家庭责任，照顾老人和孩子，让我安心学业。也要感谢我的女儿贾茹，她是一个乖巧、懂事的孩子，她也一直努力和她的"老爸"一起进步，今年她以优异的高考成绩被西南政法大学录取，让我倍感骄傲和欣慰！

感谢我身边所有亲人、同事和朋友，你们是我一生中最宝贵的财富，你们让我感到我不是一个孤独的前行者，让我时时处处能够体会到人间的温暖和真情！

"路漫漫其修远兮，吾将上下而求索"，今后我会用我平生所学，在民商法学领域孜孜以求，不断鞭策自己，不断警醒自己，用丰硕的学术成果回报恩师的教诲，回报亲人和朋友的支持和关爱！

贾海洋于沈阳北郊

2013 年 7 月 30 日